INVENTAIRE
6887

RAPPORT

FAIT

A L'ACADÉMIE DES INSCRIPTIONS ET BELLES-LETTRES

AU SUJET

DES MANUSCRITS INÉDITS DE FRÉRET

EXTRAIT DE L'HISTOIRE DE L'ACADÉMIE DES INSCRIPTIONS ET BELLES-LETTRES.

TOME XVI, 1ᵉ PARTIE.

RAPPORT

FAIT

A L'ACADÉMIE DES INSCRIPTIONS ET BELLES-LETTRES

AU SUJET

DES MANUSCRITS INÉDITS DE FRÉRET

PAR M. WALCKENAER

SECRÉTAIRE PERPÉTUEL

PARIS

IMPRIMERIE NATIONALE

M DCCC L

RAPPORT

FAIT

A L'ACADÉMIE DES INSCRIPTIONS ET BELLES-LETTRES,

AU SUJET

DES MANUSCRITS INÉDITS DE FRÉRET.

Dans sa séance du 24 juin 1842, l'Académie accepta l'offre que lui fit un de ses membres, M. Raoul-Rochette [1], de remettre au secrétaire perpétuel un manuscrit autographe de Fréret, dont il était possesseur, intitulé *Observations sur la géographie ancienne*, à la condition qu'il en serait fait une copie, et qu'il serait imprimé dans le Recueil de nos mémoires. L'Académie, sans soumettre cet ouvrage à aucun examen préalable, chargea le secrétaire perpétuel d'en diriger l'impression.

De son côté, le secrétaire perpétuel, sans même avoir vu le manuscrit, promit de faire de son mieux pour déférer aux désirs de l'Académie; mais, lorsqu'il fallut se mettre à l'œuvre, il s'aperçut bientôt que la tâche qui lui était imposée présen-

Lu
dans les séances
des
5, 22 février,
1er, 8 et
15 mars 1850.

[1] *Histoire de l'Académie*, Ire partie du tome XIV, p. 95.

tait plus de difficultés qu'il ne l'avait présumé. Le manuscrit autographe, dont il fallait tirer copie, est plein de ratures faites à la hâte, de sorte que, parmi ces lignes et ces pages entières qui se suivent et sont simplement barrées, il semble, au premier coup d'œil, difficile de discerner celles que l'auteur a voulu conserver, et celles qu'il a effacées. Cependant une prédilection particulière pour le genre d'étude qui fait la matière de ces observations a permis de croire que nous avions bien su pénétrer dans les pensées de Fréret, le suivre dans ses raisonnements, et préparer pour l'impression une copie aussi exacte que possible.

Là ont dû se borner nos soins. Le Mémoire de Fréret, comme tous ceux qu'il a composés sur de grands sujets, est surtout remarquable par le plan d'ensemble et l'enchaînement des idées. Toujours une dialectique vigoureuse est mise par lui au service d'une immense érudition, qui se montre pourtant sobre et resserrée dans l'emploi de ses richesses; toujours il est habile à discerner les points culminants du terrain où il se place; il l'embrasse tout entier de son vaste regard, et il le parcourt rapidement jusqu'aux dernières limites de l'horizon. Mais les difficultés que présente la géographie ancienne ne peuvent être vaincues que par les progrès de la géographie moderne; et, du temps de Fréret, ces progrès étaient encore très-imparfaits. Peu d'observations astronomiques avaient été faites; aucun des grands états de l'Europe n'avait encore été levé topographiquement par les procédés certains de la géodésie; les bases mathématiques manquaient à toutes les cartes que l'on publiait. Les chiffres sur lesquels Fréret appuie ses raisonnements auraient donc eu besoin d'être rectifiés d'après les meilleures cartes modernes, mais ils ne pouvaient l'être sans changer les conclusions : c'eût été refaire en partie son mémoire, substituer nos opinions aux siennes. Ce n'est pas ce que l'Académie nous avait demandé. Ce n'est pas ce que nous voulions faire. Nous avons donc dû publier dans son intégrité le mémoire de Fréret.

La copie en était depuis longtemps terminée; mais, si nous avions inséré ces *Observations* dans les volumes qui renferment les mémoires nouvellement lus à l'Académie, elles eussent formé un véritable anachronisme; car chacun de nos confrères dans la branche d'érudition qu'il cultive, a, sur Fréret, l'avantage d'un siècle entier de découvertes et de travaux publiés.

Cette considération m'a déterminé à placer l'ouvrage de Fréret dans la partie de volume destinée à l'Histoire, après les Notices historiques. J'ai ainsi introduit dans ce volume une nouvelle division dans laquelle on pourra faire entrer tous les suppléments à l'Histoire et aux mémoires de l'ancienne Académie que la compagnie jugerait à propos de publier.

Je me conforme en cela aux intentions de l'ancienne Académie, qui, en 1787[1], avait résolu de faire imprimer, dans des volumes à part, pour faire suite au Recueil de la compagnie, les manuscrits de Fréret qu'elle voulait publier; et je défère également aux désirs de l'Académie actuelle, qui a décidé que les *Observations sur la géographie ancienne* feraient partie du Recueil de ses mémoires.

L'impression de ce volume, qui forme la première partie du tome XVI, devant compléter la livraison des tomes XVI et XVII, était terminée, et je me disposais à envoyer à l'imprimerie le Mémoire de Fréret, qui devait le compléter, lorsque M. l'Administrateur de la Bibliothèque nationale,

---

[1] *Mémoires de l'Académie*, t. XLVII, p. 2.

notre confrère, est venu remettre à l'Académie deux cartons de nouveaux manuscrits de Fréret.

J'ai donc dû examiner ces manuscrits pour connaître ceux qui avaient été publiés, et pour déterminer la place qu'occupent, dans l'ensemble des travaux de Fréret, ceux qui sont inédits, afin que l'Académie puisse mieux juger si, parmi ces manuscrits, il en est dont elle doive ordonner l'impression. Voici ce catalogue. Il appartient tout entier à l'Histoire de l'Académie, puisqu'il nous montre un académicien apparaissant sans cesse, pour toutes les branches de l'érudition, dans la longue série des mémoires que l'Académie a mis au jour, forçant tous les secrétaires perpétuels qui lui ont succédé à s'occuper de lui, sans qu'après un siècle écoulé ils aient encore épuisé la source des richesses que son savoir a produites.

CATALOGUE MÉTHODIQUE

ET RAISONNÉ

DES OUVRAGES, TANT IMPRIMÉS QUE MANUSCRITS,

DE NICOLAS FRÉRET.

OUVRAGES DE CRITIQUE ET D'HISTOIRE GÉNÉRALE.

Réflexions sur l'étude des anciennes histoires et sur le degré de certitude de leurs preuves.

(Imprimé dans le premier volume des œuvres complètes de Fréret, 1825, in-8°, t. Ier, p. 1, et dans le Recueil de l'Académie, t. VI, p. 146, Mémoires.)

Vues générales sur l'origine et sur le mélange des anciennes nations et sur la manière d'en étudier l'histoire.

(Rec. de l'Acad. t. XVIII, p. 49, Histoire.)

Les prodiges rapportés par les anciens.
(Rec. de l'Acad. t. IV, p. 411, Mémoires.)

CHRONOLOGIE.

Traduction d'un abrégé de l'ouvrage de Newton sur la chronologie, suivi des Observations générales sur la Chronologie de Newton.
(Imprimé en 1725 dans le tome VII de l'Histoire des juifs de Prideaux, et après dans le tome Ier des œuvres complètes de Fréret, édit. 1825, in-8°, p. 360-509.)

Défense de la chronologie fondée sur les monuments de l'histoire ancienne contre le système chronologique de M. Newton, par M. Fréret, pensionnaire et secrétaire perpétuel de l'Académie royale des belles-lettres, publiée depuis la mort de l'auteur, pour servir de suite aux Mémoires de cette académie, 1 vol. in-4°, 1758.

L'analyse de ces ouvrages, et l'histoire de cette grande discussion, se trouvent dans la longue et intéressante préface du volume dont nous venons de transcrire le titre. Cette préface est de Bougainville. Elle a été réimprimée par le nouvel éditeur des œuvres complètes de Fréret, t. I, p. 383-429.

La durée des générations dans les familles royales.
(Rec. de l'Acad. t. XIV, p. 15, Histoire.)

Essai sur la chronologie de l'Écriture sainte.
(Rec. de l'Acad. t. XXIII, p. 65, Histoire. *Ibidem*, p. 73, Mémoires.)

L'année et le temps précis de la mort d'Hérode le Grand.
(Rec. de l'Acad. t. XXI, p. 78, Mémoires.)

Remarques sur le Canon astronomique qui se trouve dans les manuscrits de Théon d'Alexandrie.
(Rec. de l'Acad. t. XXVII, p. 121, Mémoires.)

Époque astronomique de la conception de Romulus, de sa naissance, de la fondation de Rome, de sa dédicace et de la mort de Romulus.
(Manuscrit de l'Institut de 21 pages.)

Des caractères astronomiques ou astrologiques joints par les anciens, à la date de la fondation de Rome.
(Manuscrit de l'Institut de 8 pages.)

Époque de l'ancienne inscription grecque apportée de Tripoli dans la Provence, et placée dans le cabinet de M. Le Bret.

(Rec. de l'Acad. t. XXI, p. 225, Mémoires.)

Supplément à ce mémoire.

(Rec. de l'Acad. t. XXI, p. 270, Mémoires.)

Lettre au sujet d'une dissertation sur Hérodote et Ctésias.

(Insérée dans la seconde partie du premier volume des Mémoires du père Desmolets.)

Années employées à Babylone avant et depuis la conquête de cette ville par Alexandre.

(Rec. de l'Acad. t. XVI, p. 205, Mémoires.)

L'ancienne année des Perses, l'intercalation qui leur est propre, et l'usage qu'on en peut faire pour déterminer quelques dates de leur histoire.

(Rec. de l'Acad. t. XVI, p. 233, Mémoires.)

L'année arménienne ou suite des observations sur l'année des Perses.

(Rec. de l'Acad. t. XIX, p. 85, Mémoires.)

Quelques points du technique de la chronologie grecque, considérée en général.

(Rec. de l'Acad. t. XVIII, p. 143, Histoire.)

Plusieurs époques de la chronique de Paros.

(Rec. de l'Acad. t. XXVI, p. 157, Mémoires.)

L'ère des Grecs de Syrie, nommée plus ordinairement l'ère des Séleucides.

(Rec. de l'Acad. t. XVI, p. 286, Mémoires.)

Date de la bataille de Marathon.

(Rec. de l'Acad. t. XVIII, p. 134, Histoire.)

Date de la bataille de Platée.

(Rec. de l'Acad. t. XVIII, p. 139, Histoire.)

Réflexions sur l'opinion dans laquelle on prétend que Jules César, lors de la réformation de l'année romaine, n'a fait autre chose qu'adapter à cette année la forme de celle qui était adoptée depuis deux cent quatre-vingts ans, dans l'usage civil, par les Grecs.

(Rec. de l'Acad. t. XVI, p. 308, Mémoires.)

La forme de l'année employée par les Bithyniens sous la domination romaine.
(Rec. de l'Acad. t. XVIII, p. 147, Histoire.)

L'année vague cappadocienne.
(Rec. de l'Acad. t. XIX, p. 56, Mémoires.)

La chronologie de l'histoire de Lydie.
(Rec. de l'Acad. t. V, p. 273, Mémoires.)

Observations sur la généalogie de Pythagore et sur l'usage chronologique qu'on en a tiré pour déterminer l'époque de la prise de Troye.
(Rec. de l'Acad. t. XIV, p. 401, Mémoires.)

Sur le calendrier romain et sur la nature de l'ancienne année romaine.
(Manuscrit de l'Institut, de 90 pages.)

Du cycle des Romains.
(Manuscrit de l'Institut, en deux cahiers, l'un de 11 pages, l'autre de 22.)

De l'antiquité et de la certitude de la chronologie chinoise.
(Rec. de l'Acad. t. X, p. 377, Mémoires.)

Éclaircissements sur le Mémoire de l'antiquité et de la certitude de la chronologie chinoise.
(Rec. de l'Acad. t. XV, p. 164, Mémoires.)

Suite du traité concernant la certitude et l'autorité de la chronologie chinoise.
(Rec. de l'Acad. t. XVIII, p. 178, Mémoires.)

Recherches sur les traditions religieuses et philosophiques des Indiens, pour servir de préliminaire à l'examen de leur chronologie.
(Rec. de l'Acad. t. XVIII, p. 34, Histoire.)

Chronologie et histoire des Assyriens de Ninive.
(Rec. de l'Acad. t. V, p. 331, Mémoires.)

Addition sur la chronologie égyptienne.
(Rec. de l'Acad. t. XLVII, p. 134-39, Mémoires.)

Remarques sur la chronologie.
(Insérées dans l'essai sur les hiéroglyphes égyptiens, traduit de l'anglais de Warburton, par Léonard de Malpeires; Paris, 1744, 2 vol. in-12.)

Excerpta chronologiæ ex Belgio romano, historica dispositio (222 Christ.).
(Manuscrit de l'Institut, de 43 feuillets.)

Recherches chronologiques de l'histoire de France, par M. L. D. L. R.
(Manuscrit de l'Institut, de 9 feuilles.)

Ce manuscrit paraît être un extrait d'ouvrage.

Natale solum salicarum legum, *Wendelini*.
(Manuscrit de l'Institut, de 6 feuilles.)

Carniolici annales, auctore *Selsenleben; ad annum* 1000.
(Manuscrit de 4 feuilles, qui sont suivies de 13 feuilles de manuscrit qui portent en marge : *Læte*.)

GÉOGRAPHIE.

Les mesures longues des anciens.
(Rec. de l'Acad. t. XXIV, p. 432, Mémoires, et dans le tome I, p. 132, édit. 1825, des œuvres complètes de Fréret.)

Rapport des mesures grecques et des mesures romaines.
(Rec. de l'Acad. t. XXIV, p. 548, Mémoires.)

Comparaison des mesures itinéraires romaines avec celles qui ont été prises géométriquement, par MM. de Cassini, dans une partie de la France.
(Rec. de l'Acad. t. XIV, p. 160, Histoire.)

De la Table itinéraire publiée par Velser sous le nom de Table de Peutinger.
(Rec. de l'Acad. t. XIV, p. 174, Histoire.)

Supplément à la notice précédente de la Table de Peutinger.
(Rec. de l'Acad. t. XVIII, p. 249, Histoire.)

Colonnes itinéraires de la France, où les distances sont marquées par le mot *leugae*.
(Rec. de l'Acad. t. VII, p. 302, Histoire.)

Inscription de Brumpt, près Strasbourg, par MM. Schœpflin et Fréret.
(Rec. de l'Acad. t. XVIII, p. 235, Histoire.)

Persicæ geographiæ Miscellanea, manuscrit relatif aux distances géographiques.
(Manuscrit de l'Institut.)

Ces deux cahiers sont de la main de Fréret. C'est le dépouillement des mesures et des distances géographiques de plusieurs lieux célèbres de la Perse.

Le plus considérable est une traduction d'un long morceau des voyages de Witzen en Tartarie (t. II, p. 206), intitulé :

Notices des routes de quelques places en Chorasan et pays voisins, comme je l'ai appris en 1684, à Ispahan, de quelques Arméniens qui avaient demeuré longtemps en Arménie.

L'autre est intitulé :

Mesures de distances géographiques tirées de la relation des voyages du chevalier Chardin.

Observations générales sur la géographie ancienne.
(Manuscrit de l'Institut, petit in-fol.)

C'est l'ouvrage que nous publions dans ce volume, d'après le manuscrit autographe (page 331).

Sur l'antiquité des premières éruptions du Vésuve, prouvée, d'après Bianchini, par l'histoire naturelle de ce volcan.
Accroissement ou élévation du sol de l'Égypte.
(Rec. de l'Acad. t. XVI, p. 333, Mémoires.)

Situation du pays des hyperboréens.
(Rec. de l'Acad. t. XVIII, p. 192, Histoire.)

Les Cimmériens, et particulièrement la partie de cette nation qui habitait au nord du Danube et à l'occident du Pont-Euxin.
(Rec. de l'Acad. t. XIX, p. 577, Mémoires.)

Sur le peu d'accord des observations faites jusqu'à présent pour déterminer la latitude.
(Rec. de l'Acad. t. XVIII, p. 201, Histoire.)

J'apprends, par la lecture de l'extrait de ce mémoire, qu'il fait partie d'un examen critique de toutes les cartes de la Grèce, que Fréret avait entrepris et qu'il n'a pas achevé. Aucun travail de Fréret ne démontre mieux, à mon sens, jusqu'à quel point il avait acquis la connaissance, si rarement comprise, des moyens et des ressources de la critique géographique.

Si Crissa et Cyrra étaient une même ville sous deux noms, par MM. de Valois, Fréret et l'abbé Gédoyn.
(Rec. de l'Acad. t. V, p. 62, Histoire.)

Observations sur quelques points de l'ancienne géographie.
(Manuscrit de l'Institut.)

Cet ouvrage est divisé en trois parties.

Première observation sur le Mémoire de M. de la Barre, inséré dans le tome VIII du Recueil des Mémoires de l'Académie des belles-lettres.
Seconde observation sur les sources et sur le cours de l'Euphrate.
Troisième observation sur le cours et sur les sources du Phase.

Avec ces trois mémoires, il faut classer deux autres écrits, qui font partie des manuscrits de Fréret : ils ne sont pas de lui, mais de M. de Sainte-Croix.

L'un est intitulé :

Observations sur le cours du fleuve Halys.

L'autre :

Remarques sur la Lazique.

Ces deux mémoires sont des extraits du mémoire précédent, extraits préparés pour être insérés dans l'Histoire de l'Académie.

Fréret était intimement lié avec Guillaume Delisle, et cette amitié profitait aux ouvrages de tous les deux : M. de la Barre, dans le VIIIe volume des Mémoires de l'Académie, avait publié des remarques sur la route de Sardes à Suze, décrite par Hérodote, et sur le cours de l'Halys, de l'Euphrate, de l'Araxes, du Phase. Non content de chercher à éclaircir le récit d'Hérodote, ce savant voulut encore montrer que M. Delisle, entraîné par des préjugés vulgaires et des rapports vagues et incertains, s'était trompé sur le cours de ces fleuves, principalement dans sa carte de la Perse, bien certainement une des meilleures et une des plus intéressantes de Guillaume Delisle, pour l'époque où elle fut exécutée. Fréret ne vit pas avec indifférence critiquer son ami, mort depuis trois ans, et attaquer des travaux auxquels il n'avait cessé de coopérer par sa vaste érudition.

Il répondit donc à M. de la Barre, par un mémoire fort étendu, divisé en trois parties, dont nous venons de donner le titre.

Et, à ce sujet, il y a, sur ces deux mémoires, une note de M. de Sainte-Croix, ainsi conçue :

« Ce mémoire, ni les extraits qui en ont été faits, ne peuvent être réimprimés, parce que, ce que Fréret a voulu prouver est aujourd'hui reconnu vrai, et ne souffre plus aucun doute. » Que cette assertion de M. de Sainte-Croix, qui est exacte, suffise pour justifier la mémoire de Guillaume Delisle et de son défenseur, et mette en garde les lecteurs du Recueil de nos Mémoires, contre les erreurs de la Barre.

Les deux extraits sont de la main d'un expéditionnaire; mais ils ont été faits par M. de Sainte-Croix, ainsi que l'attestent plusieurs additions ou notes qui sont de son écriture; quelques-unes même de ces additions sont longues, particulièrement la dernière, qui renferme quelques détails curieux pour l'histoire de la géographie, en ce qui concerne la Géorgie.

Observations sur la Cyropédie de Xénophon, principalement par rapport à la géographie.
(Rec. de l'Acad. t. IV, p. 588, Mémoires.)

Lettre sur la chronologie de l'histoire de Cyrus.
(Imprimée en tête de l'ouvrage de Ramsay, intitulé : *Voyages de Cyrus*.)

Observations sur la Cyropédie de Xénophon.
(Rec. de l'Acad. t. IV, p. 588, Mémoires, 1re partie.)

Observations sur la Cyropédie de Xénophon.
(Rec. de l'Acad. t. VII, p. 427, Mémoires, 2ᵉ partie.)

Fréret dit, dans un de ces Mémoires, que ces observations furent le fruit du profond loisir d'une solitude de six mois, dont rien ne pouvait troubler la tranquillité. Nous dirons plus tard pourquoi nous croyons qu'il s'est un peu exagéré la durée de ce temps de tranquillité.

Observations sur la situation de quelques peuples de la Belgique, et sur la position de quelques places de ce pays, lors de sa conquête par les Romains.
(Rec. de l'Acad. t. XLVII, p. 453-457.)

Extrait d'un mémoire de Fréret sur le mot *Dunum*.
(Manuscrit de l'Institut, de 43 pages.)

Sur la signification du mot *Dunum*, qui entre dans la composition de plus de soixante villes de la Gaule.
(Manuscrit de l'Institut, de 119 pages.)

Lettres sur les ouvrages de Delisle, premier géographe du roi.
(Imprimé dans le Mercure de mars 1726.)

Lettre de M*** (Fréret), de l'Académie des belles-lettres, à l'auteur des Mémoires pour servir à l'histoire des hommes illustres.
(Imprimé dans le tome II des Mémoires du Père Niceron.)

Cette lettre est encore relative aux cartes de Delisle, dont Fréret prend la défense, contre les auteurs de la vie de Nicolas Sanson.

Extrait du voyage manuscrit de Desmousseaux.
(Imprimé à la suite des voyages de Corneille le Bruyn, par les soins de l'abbé Banier.)

RELIGIONS.

Observations sur les fêtes religieuses de l'année persane, et en particulier sur celle de Mithra, tant chez les Persans que chez les Romains.
(Rec. de l'Acad. t. XVI, p. 267.)

Réflexions générales sur la nature de la religion des Grecs, et sur l'idée qu'on doit se former de leur mythologie.
(Rec. de l'Acad. t. XXIII, p. 17, Histoire.)

Recherches sur le culte de Bacchus parmi les Grecs.
(Rec. de l'Acad. t. XXIII, p. 242, Mémoires.)

La nature du culte rendu en Grèce aux héros et particulièrement à Esculape.
(Rec. de l'Acad. t. XXI, p. 21, Histoire.)

Histoire des Cyclopes, des Dactyles, des Telchines, des Curètes et Corybantes, et des Cabires.
(Rec. de l'Acad. t. XXIII, p. 27-81, Histoire.)

Mémoire sur les Cabires.
(Rec. de l'Acad. t. XXVII, p. 709, Histoire.)

Les fondements historiques de la fable de Bellérophon et la manière de l'expliquer.
(Rec. de l'Acad. t. VII, p. 37, Histoire.)

Le temps où a vécu Bellérophon.
(Rec. de l'Acad. t. VII, p. 83, Mémoires.)

Observations sur les recueils de prédictions écrites qui portaient le nom de Musée, de Bacis, et de la Sibylle.
(Rec. de l'Acad. t. XXIII, p. 187, Mémoires, et dans le tome I, p. 535 et 572 des œuvres complètes de Fréret.)

Observations sur les oracles rendus par les âmes des morts.
(Rec. de l'Acad. t. XXIII, p. 174, Mémoires.)

Observations sur la religion des Gaulois et sur celle des Germains.
(Rec. de l'Acad. t. XXIV, p. 369, Mémoires.)

L'étymologie du nom de *Druide*.
(Rec. de l'Acad. t. XVIII, p. 185, Histoire.)

La nature et les dogmes les plus connus de la religion gauloise.
(Rec. de l'Acad. t. XVIII, p. 182, Histoire.)

L'usage des sacrifices humains établi chez les différentes nations, et particulièrement chez les Gaulois.
(Rec. de l'Acad. t. XVIII, p. 178, Histoire.)

Recherches sur le dieu Hercule Endovellicus et sur quelques autres antiquités ibériques.

(Rec. de l'Acad. t. III, p. 178, Histoire.)

Ce mémoire sur le dieu *Endovellicus*, copié, comme tous ceux de cette époque, dans les registres manuscrits de l'Académie, est très-long, et un grand nombre d'inscriptions y sont rapportées et discutées; le maigre extrait qui en a été donné dans l'Histoire de l'Académie ne suffirait pas si l'on faisait une édition complète des œuvres de Fréret.

Les Assassins de Perse.

(Rec. de l'Acad. t. XVII, p. 127 et 147, Mémoires.)

PHILOSOPHIE.

Réflexions générales sur l'étendue de la philosophie ancienne.

(Rec. de l'Acad. t. XVIII, Mémoires, p. 97.)

En quel temps le philosophe Pythagore a vécu?

(Rec. de l'Acad. t. XIV, p. 472, Mémoires.)

Réflexions sur un ancien phénomène céleste du temps d'Ogygès.

(Rec. de l'Acad. t. X, p. 357, Mémoires.)

ARTS. — ARCHÉOLOGIE.

De l'ancienneté et de l'origine de l'art de l'équitation dans la Grèce.

(Rec. de l'Acad. t. VII, p. 286, Mémoires.)

Observations sur le mot *Barritas* ou *Barditus*, dont il est parlé dans Tacite.

(Rec. de l'Acad. t. XXIII, p. 164, Histoire.)

Remarques sur la bataille donnée à Thymbrée, contre les armées de Crésus et de Cyrus.

(Rec. de l'Acad. t. VI, p. 400-425, Mémoires.)

C'est un mémoire purement stratégique.

Varias antiguedades de España, Africa, y otras provincias, por el Dr Bernardo Aldrete, en Amberes, año 1614, in-4°, p. 640.

(Manuscrit de l'Institut, en 3 cahiers, formant 27 feuilles.)

Le Jeu des échecs.
(Rec. de l'Acad. t. V, p. 250.)

LANGUES.

Principes généraux de l'écriture, et, en particulier, fondement de l'écriture chinoise.
(Rec. de l'Acad. t. VI, p. 609, Mémoires.)

La poésie des Chinois.
(Rec. de l'Acad. t. III, p. 268, Histoire.)

Origen de la lengua castellana, por el Dr Bernardo Aldrete, en Roma, 1606, in-4°, 47 pages.
(Manuscrit de l'Institut, de 4 feuilles.)

Grammatica anglicana.
(Manuscrit de l'Institut, de 5 feuilles.)

HISTOIRE.

L'expédition de Trajan dans les Indes, supposée par Eutrope et par Sextus Rufus.
(Rec. de l'Acad. t. XXI, p. 55, Histoire.)

Observations sur l'Histoire des Amazones.
(Rec. de l'Acad. t. XXI, p. 106, Mémoires.)

L'origine et l'ancienne histoire des premiers temps de la Grèce.
(Rec. de l'Acad. t. XXI, p. 7, Histoire.)

Les deux premiers déluges ou inondations d'Ogygès et de Deucalion.
(Rec. de l'Acad. t. XXIII, p. 129, Mémoires.)

Observations générales sur l'origine et sur l'ancienne histoire des premiers habitants de la Grèce.
(Rec. de l'Acad. t. XLVII, p. 1 à 133, Mémoires.)

C'est le mémoire donné en abrégé dans l'Histoire, t. XXI.

Observations sur les causes, et sur quelques circonstances, de la mort de Socrate.
(Rec. de l'Acad. t. XLVII, p. 209 à 282, Mémoires.)

Addition à ce Mémoire, sur l'âge de Protagoras et sur la date de sa mort.

L'origine et l'ancienne histoire des différents peuples d'Italie.
(Rec. de l'Acad. t. XVIII, p. 72, Histoire.)

Extrait de l'histoire imprimée de Moïse de Chorène.
(Manuscrit de l'Institut.)

Cet extrait, méthodique et raisonné, est presque aussi long que l'ouvrage même; il est tout entier de la main de Fréret, et il mérite d'être examiné avec soin.

Observations sur le mot *Mérovingiens*.
(Rec. de l'Acad. t. XX, p. 63, Mémoires.)

Recherches historiques sur les mœurs et le gouvernement des Français dans les divers temps de la monarchie.

Première dissertation.

De l'origine des Francs et de leur établissement dans les Gaules.

Ce mémoire est le premier que Fréret ait lu à l'Académie, le 14 novembre 1714; il fut imprimé dans les t. V et VI de l'édition de ses œuvres de 1796, édition prétendue complète, soit dit en passant, et où manque cependant plus de la moitié des ouvrages de Fréret. C'est le seul mémoire inédit que renferme cette édition; on ne sait d'après quelle copie il a été imprimé; le manuscrit autographe que possède l'Académie en diffère beaucoup. Si l'on réimprime ce mémoire, les deux textes devront être comparés, parce que probablement tous deux émanent de la main de Fréret. Lorsqu'il fit la seconde lecture de cette dissertation, les 11 et 14 décembre 1714, il fut souvent interrompu par des observations de l'abbé de Vertot, qui avança que ce que Fréret disait sur la conformité des mœurs des Germains et des Gaulois se trouvait dans un mémoire qu'il avait lu à l'Académie sur ce sujet, et pour le prouver l'abbé de Vertot demanda la permission de relire encore ce mémoire à l'Académie; ce qu'il fit dans la séance du mardi 18. Cette lecture, dit le

SUR LES MANUSCRITS DE FRÉRET.

procès-verbal, fut souvent entrecoupée par des réflexions de vive voix et a rempli toute la séance : il est possible que toutes ces discussions aient engagé Fréret à faire une seconde rédaction de son mémoire[1].

De Grace, dans le premier volume de son introduction à l'Histoire de Puffendorf, avait déjà donné un assez long extrait de ce mémoire.

Des États généraux.
(Manuscrit de l'Institut.)

États généraux et particuliers, assemblées du clergé, de la noblesse, et semblables choses tirées de la Poplinière, vol. II.
(Manuscrit de l'Institut.)

Le président Rolland avait une copie de ce mémoire; il est indiqué tome IV, page 439 de la Bibliothèque historique de France du père Lelong. Boulainvilliers, ami de Fréret, s'en est servi dans ses écrits.

Chronique de Moustrelet, fol. Paris.
(Manuscrit de l'Institut, de 24 pages.)

Excerpta ex historiæ societatis Jesu parte quinta, tomo posteriore, ab anno Christi 1591 ad 1616.
(Manuscrit de l'Institut, de 14 pages.)

Mémoire sur les pairs de France contre les présidents à mortier (preuves de l'étendue du pouvoir des régences).
(Manuscrit de l'Institut de 20 pages, avec 6 petites pages volantes.)

Projet de Mémoire, écrit de la main du duc de la Force.
(Manuscrit de l'Institut.)

Extraits des registres du Parlement, vol. II des Olim.
(Manuscrit de l'Institut.)

HISTOIRE DE L'ACADÉMIE.

Minutes des extraits de Mémoires qui ont formé les relations des se

---

[1] Registre manuscrit de l'Académie de 1714, p. 682, 685 et 689.

mestres académiques, prononcées à l'Académie des sciences, en 1733, 34, 35, 36, 37 et 38.

(Manuscrits de l'Institut.)

Les deux dernières années sont incomplètes.

Ces extraits ne sont pas de Fréret, il n'y en a qu'un seul de son écriture, c'est celui de son mémoire sur la chronologie chinoise. L'Académie des sciences et celle des belles-lettres se rendaient mutuellement compte de leurs travaux tous les six mois, après les vacances de Pâques et celles de la Saint-Martin; elles nommaient à cet effet une députation de trois membres, et quoique ces comptes-rendus fussent lus dans des séances particulières, les deux Académies recevaient les députations qui leur étaient envoyées avec un appareil de cérémonie qu'on retrouve en toute occasion sous l'ancienne monarchie. Les comptes-rendus des travaux de l'Académie des sciences ont été transcrits dans nos registres, du moins dans ceux que j'ai parcourus (de 1701 à 1722) : ils sont tous de l'abbé Terrasson, qui était membre de cette Académie et de l'Académie française. Après les avoir lus à l'Académie des belles-lettres, Terrasson les relisait encore à l'Académie des sciences, mais ils n'étaient point transcrits dans les registres de cette Académie, non plus que ceux qui y étaient lus par le député de l'Académie des belles-lettres. Ce fut M. de Foncemagne qui, pendant les années 1733 à 1737 et dans le premier semestre de 1738, lut à l'Académie des sciences la relation des travaux de l'Académie des belles-lettres, mais il ne les relisait pas à cette dernière Académie comme faisait Terrasson à l'Académie des sciences. Nos extraits font donc partie des manuscrits de Foncemagne. Si les extraits des Mémoires des derniers mois de l'année 1738 manquent, c'est que ce fut l'abbé de Renel et non Foncemagne, qui, dans la séance du 22 novembre, lut à l'Académie des

sciences la relation des travaux de l'Académie des belles-lettres[1].
(Fragments de neuf feuilles détachées et sans titres. Manuscrits qui paraissent appartenir à l'Histoire de l'Académie.)

NOTICES HISTORIQUES SUR LES MEMBRES DE L'ACADÉMIE,

PAR FRÉRET.

Imprimées dans le Recueil de l'Académie.

De Joseph Bimart, baron de la Bastie, t. XVI, p. 335;
Du cardinal de Fleury, t. XVI, p. 356;
De l'abbé Bignon, t. XVI, p. 367;
De Chambors, t. XVI, p. 381;
De l'abbé de Rhotelin, t. XVIII, p. 387;
De l'abbé Gédoyn, t. XVIII, p. 399;
Du marquis de Caumont, correspondant honoraire, t. XVIII, p. 409;
De Fourmont l'aîné, t. XVIII, p. 413;
De l'abbé Fourmont, t. XVIII, p. 432;
De l'abbé Mongaut, t. XVIII, p. 442;
De l'abbé Souchet, t. XVIII, p. 458;
De Burette, t. XXI, p. 217,
De Valois, t. XXI, p. 234;
De Blanchet, t. XXI, p. 243;
De Mandajors, t. XXI, p. 250.

LITTÉRATURE.

Mérope, tragédie de Maffei, traduite en français, in-8°, 1728.

On sait le succès prodigieux qu'eut la tragédie de Mérope, composée en 1712, en vers libres italiens, par l'illustre auteur de la *Verona illustrata*, et de tant d'autres ouvrages d'érudition. La Mérope de Maffei fut représentée, et traduite dans toutes les langues de l'Europe. « Briasson (disait le chevalier de Mouhy, en 1733) l'imprima avec la traduction de Fréret; en cela nous

[1] Conférez les registres manuscrits de l'Académie des belles-lettres de 1700 à 1725, et ceux de l'Académie des sciences de 1733 à 1738.

n'avons fait qu'imiter nos voisins. L'honneur qui en rejaillit sur la Mérope en devint plus éclatant, quand on pense que le traducteur est une des plus grandes lumières de l'Académie des belles-lettres. »

« Lorsque le marquis de Maffei, dit encore le même auteur, proposé par M. le cardinal Polignac, fut associé tout d'une voix à l'Académie des inscriptions et belles-lettres, les éloges de la Mérope se renouvelèrent, et plusieurs membres de cet illustre corps parlèrent très-avantageusement de cette pièce. Le roi ayant eu la bonté d'ordonner qu'on lui fît présent des Mémoires de l'Académie des inscriptions, M. le cardinal de Fleury, qui n'est pas moins le Mécène que le ministre de France, écrivit une lettre à ce sujet, dans les termes les plus flatteurs pour le marquis de Maffei[1]. »

Ainsi c'est à la traduction d'une pièce italienne que Maffei, Fréret, l'Académie, durent l'avantage d'attirer sur eux l'attention du roi et de son ministre; c'est aussi par cette traduction

---

[1] *Le Mérite vengé, ou conversations littéraires et variées sur divers écrits modernes, pour servir de réponse aux Observations de l'A. D. F.* (l'abbé Desfontaines), Amsterdam, 1737, in-12, par le chevalier de Mouhy, pag. 137, 140, 308. De Mouhy était le pensionnaire et le chargé d'affaires de Voltaire à Paris, et l'on trouve dans cet ouvrage des vers alors inédits de la Mérope et de la Henriade de Voltaire. L'édition de la traduction de la Mérope de Maffei par Fréret (le texte et la traduction sont imprimés en regard) est anonyme, et n'a pas même de titre, parce que Briasson l'imprima à part du recueil du théâtre dont elle faisait partie. Ce volume in-12 a 143 pages. L'approbation, signée Danchet, est du 2 novembre 1728; elle est donnée à Briasson, et le nom de Fréret, le traducteur, n'y est pas mentionné. MM. Quérard et Barbier s'accordent à indiquer une édition antérieure de cette traduction, de 1718, in-12, chez Urbain Coustelier, par d'Al... mais je pense que c'est une autre traduction que celle de Fréret, qui parut pour accompagner une édition italienne de la tragédie de Maffei, qui fut faite en 1718 par Barrois fils. A la page 308 de l'ouvrage de M. de Mouhy, il est dit : « la Mérope de Maffei a été traduite en français par M. d'All... de l'Académie française. La troisième édition a été commentée par le père Paoli sous le nom de Tedalgo, » et le texte continue ainsi en lettres italiques: « *c'est M. Fréret de l'Académie des belles-lettres qui a traduit Mérope en français.* »

SUR LES MANUSCRITS DE FRÉRET.

que Voltaire, qui travaillait alors à la composition de la tragédie de Mérope, conçut une idée favorable du style de Fréret; on verra bientôt pourquoi nous insistons sur cette remarque[1].

La traduction française de la tragi-comédie de Sanson, écrite en italien par Luigi Riccoboni, dit *Lelio*, dans le nouveau théâtre italien. Paris, Coustelier, 1717; in-12.

Avertissement au roman de chevalerie intitulé, *Histoire du vaillant chevalier Tiran le Blanc*, traduit de l'original catalan, de Marstorabie, par le comte de Caylus, 2 vol. in-8°. Londres, 1775, 3 vol. in-12.

Ici se termine la liste complète et méthodique de tous les écrits de Fréret, tant imprimés que manuscrits, dont j'ai pu me procurer la connaissance.

D'après cet exposé, il est évident que, parmi les manuscrits qui nous ont été remis, les seuls qui doivent fixer l'attention de l'Académie sont ceux qui sont relatifs à la chronologie romaine; ceux sur l'origine des Francs et leur établissement dans les Gaules; ceux sur les états généraux et les pairs de

---

(*Bibl. ital.* t. II, art. 9, p. 308.) C'est probablement ce qui a fait croire à MM. Barbier et Quérard que d'Al... était Fréret. D'après le rapprochement des passages ci-dessus, je crois que la traduction imprimée de Fréret n'a paru qu'en 1728, mais la comparaison seule de ces éditions peut décider dans cette question.

[1] L'exact M. Beuchot, qui a donné de curieux éclaircissements sur la Mérope de Voltaire, a connu les *Observations de l'abbé Desfontaines*, mais la réponse qu'y a faite le chevalier de Mouhy en 1737, dans le *Mérite vengé*, paraît lui avoir échappé. Il dit que la traduction française de la Mérope de Maffei par d'Al... Paris, 1718, in-12, est de Fréret, sous le nom duquel elle fut réimprimée en 1745 à Vérone, à la suite de la traduction italienne: il considère comme une autre traduction celle que Riccoboni a donnée dans son Nouveau théâtre italien, 1716-1718, tandis que le chevalier de Mouhy dit que c'est la même qui a été détachée du recueil de Riccoboni. M. Beuchot ne connaît pas l'édition de la traduction de la Mérope par Fréret, de 1728, mais il indique (*Œuvres de Voltaire*, t. V, p. 100) une nouvelle traduction de la tragédie de Maffei, qui parut en 1753, par l'abbé D. B... (De Bourg).

France, et peut-être aussi la longue dissertation sur le mot *Dunum*. Il y aura lieu d'examiner si ces écrits sont de nature à être publiés en entier ou par extraits : si l'on juge qu'ils doivent être publiés, on pourrait les admettre successivement comme supplément à l'Histoire, ainsi que je l'ai fait pour les Observations générales sur la géographie ancienne, qui sont à la suite de cette première partie du tome XVI.

Je pourrais terminer ici ce rapport, mais l'on me dira que je n'ai pas donné la liste complète de tous les écrits de Fréret; on me rappellera qu'il en existe d'autres qui portent son nom; on me fera observer que ceux-là sont aussi plus considérables, par leur étendue, que la plupart de ceux dont j'ai donné les titres ; et, si je les rejette comme n'étant pas de lui, on me demandera pourquoi et comment ils lui ont été attribués, et enfin quels en sont les véritables auteurs.

Je vais, je crois, satisfaire pleinement à ces questions. Cependant, je l'avoue, j'entreprends cette tâche avec répugnance. Les faits qui me permettent de l'accomplir m'étaient connus depuis longtemps; mais si, pour ma propre satisfaction, je consacre trop de temps à ces minutieuses recherches, ce n'est pas parce que je m'en exagère l'importance, je regarde presque toujours comme superflu le soin qu'il faut prendre pour les mettre par écrit et leur donner la forme d'une démonstration. Je n'aime pas à m'arrêter sur ce qui porte atteinte à la considération due à ceux qui ont cultivé les lettres avec talent et avec éclat; mais il s'agit ici de défendre la réputation de trois de nos anciens académiciens les plus honorables, contre les préventions qu'ont fait naître dans les meilleures têtes l'esprit de parti, l'ignorance ou la malice; et, devant un tel devoir, je n'hésite pas. Quand il faut renverser des erreurs qui ont duré plus d'un siècle, qui ont été répétées dans une multitude d'ouvrages; quand il faut se reporter à des temps peu compris par ceux qui en ont écrit, quoiqu'ils ne soient pas bien loin de nous, il est impossible de le faire complétement en peu de mots. Mais, si l'on est bien convaincu que la disposition où je me trouve en commençant cette discussion n'a fait que s'accroître à mesure que je me trouvais forcé de la prolonger, on peut être certain que je n'aurai rien dit de plus que ce qui était strictement nécessaire pour atteindre le but que je me suis proposé.

Lorsque Fréret mourut, il y a juste un siècle, sa réputation, si bien établie dans l'Académie des belles-lettres, n'aurait vécu que dans la mémoire des académiciens ses confrères, si Bougainville, son ami, son successeur à la place de secrétaire perpétuel, n'avait pas pris le soin de faire connaître, par des extraits ou par des insertions intégrales dans le recueil de la compagnie, les nombreuses dissertations dont cet académicien avait fait des lectures pendant sa vie. Même après ces publications, Fréret n'eût été connu que d'un petit nombre d'érudits, si de son vivant Rollin, dont il était l'élève, n'avait pas, en mettant à profit ses premiers travaux, cité son nom avec éloge dans son grand et populaire ouvrage sur l'histoire ancienne; et, encore après cette honorable mention, le nom de Fréret était ignoré du vulgaire des lecteurs. Ce ne fut que seize ans après sa mort qu'il acquit tout à coup une grande célébrité. Ceux qui la lui procurèrent la lui firent payer cher, puisqu'ils le firent déchoir dans l'estime des gens de bien.

Personne n'ignore la guerre livrée, dans le xviiie siècle, à la religion chrétienne par des hommes de savoir, de talent et de génie. Ce n'était pas de la discussion, ce n'était pas de l'opposition, ce n'était pas de l'hostilité, c'était de la fureur.

A ces illustres ennemis se joignaient des littérateurs plus ou moins obscurs, qui visaient, en les imitant, à la popularité, ou cherchaient à vivre en se faisant admettre comme coopérateurs, dans de vastes entreprises de librairie, auxquelles ces écrivains éminents avaient attaché leurs noms, ou qu'ils dirigeaient. Cette seconde phalange, pour acquérir la réputation de fortes têtes et de profonds penseurs, en poussant les principes de leurs chefs jusqu'à leurs dernières conséquences logiques, fut conduite, comme cela devait être, jusqu'à l'athéisme et au matérialisme. Ils entreprirent de faire prévaloir cette philosophie comme la seule vraie, la seule raisonnable; et ils ne parvinrent que trop facilement à inoculer dans le monde leurs funestes doctrines. C'est là une de ces maladies de l'esprit humain qui sont semblables à certaines épidémies, dont le germe subsiste en tous temps, et infectent, peu dangereusement pour l'état social, quelques individus isolés, mais qui, quelquefois aussi, se répandent subitement, sans qu'on sache pourquoi, parmi la multitude, et y portent la désolation et la mort.

C'est surtout depuis l'année 1765 jusqu'à l'année 1776, dans l'espace d'environ dix ans, qu'en France, cette fièvre d'irréligion fut alimentée par un plus grand nombre d'écrits, et portée à son paroxysme le plus violent. Dès l'année 1770, plus de vingt-six ouvrages contre la religion chrétienne, qui avaient paru dans cet intervalle, furent brûlés par la main du bourreau, et un plus grand nombre avait été publié. Ceux qui les composaient formaient une cabale très-unie, et imaginèrent, comme un coup de parti, de mettre Fréret au nombre des leurs; de le faire passer comme étant l'auteur de ceux de ces écrits qu'ils croyaient plus particulièrement dignes d'attirer l'attention des lecteurs: ils les publièrent sous son nom. Voltaire, qui était dans le secret, se prévalut de cette imposture. Sterne a dit que tout homme, quelque éminent qu'il soit, a toujours un recoin par où il ressemble à l'enfant, et qu'il a, comme lui, son *hobby-horse*, son *dada*. Le dada de Voltaire était donc de croire qu'il pourrait mettre à bas la religion chrétienne; il s'en flattait, et, pour mieux atteindre son but, dans tout ce qu'il écrivit contre elle, depuis les publications des ouvrages mis sous le nom de Fréret, il n'oubliait pas d'affirmer qu'il ne faisait que répéter les arguments du savant Fréret, du sage et profond Fréret, et le nom de Fréret eut, depuis lors, un prodigieux retentissement.

Le principal ouvrage qu'on fit paraître sous le nom de Fréret fut intitulé : *Examen critique des apologistes de la religion chrétienne*. La première édition porte la date de 1766, et sur le titre le nom de Fréret, secrétaire perpétuel de l'Académie des inscriptions et belles-lettres; elle est sans nom de lieu, de libraire ou d'imprimeur. Le premier chapitre est précédé d'un court préambule, assez adroit, où il est dit que cet ouvrage a été composé pour diminuer le nombre des incrédules, qui s'est considérablement augmenté; et pour faire voir le faible des preuves dont se servent communément les apologistes de la religion chrétienne, et engager quelque nouvel écrivain à traiter ces matières avec assez d'exactitude pour qu'il ne reste plus de ressources à l'incrédulité. Une seconde édition de cet ouvrage parut, l'année suivante, in-12, encore avec le nom de Fréret sur le titre, et le millésime de 1767, sans nom de lieu ni d'imprimeur, et en tout semblable à la première édition; mais, à la suite de cette édition, est un catalogue de divers ouvrages, sans nom de libraire, qui annonce les *OEuvres de M. Fréret, secrétaire perpétuel de l'Académie des inscriptions*, et ces œuvres, dans ce catalogue, consistent seulement en deux ouvrages, qui sont cet *Examen critique*, et un autre ouvrage intitulé : *Lettre de Thrasybule à Leucippe*.

Fort animé contre J. J. Rousseau, qui avait eu l'audace de dire quelque bien de l'Évangile, Voltaire écrivait alors à d'Alembert (le 16 octobre 1765) : « L'infâme Jean-Jacques est le Judas de la confrérie, mais vous serez de dignes apôtres [1]. » Après les deux éditions consécutives de l'*Examen critique*, il fut encore réimprimé en 1775; peut-être en a-t-il paru plusieurs autres.

La plus ancienne édition de la *Lettre de Thrasybule à Leucippe* que j'ai pu me procurer est sans date, elle est suivie de la *Moïsiade;* ce livre a dû paraître, d'après l'annonce du catalogue de librairie que j'ai cité, avant, ou au moins en même temps que l'*Examen critique;* il fut encore réimprimé, et on cite une édition de 1768 [2]. Encouragée par le succès, la coterie fit, en 1776, une publication bien plus audacieuse, bien plus importante, ce furent les *Œuvres philosophiques de Fréret*, en 3 volumes. Ces œuvres consistaient en des écrits de la même nature que ceux que nous venons de mentionner. On fit une

---

[1] Voltaire, t. LXII, t. XII de la Correspondance, p. 464, éd. de M. Beuchot.

[2] *Lettre de Thrasybule à Leucippe*, ouvrage posthume de M. F..... Londres, 252 pages. L'*Essai sur les préjugés*, par Dumarsais, parut en 1770, Londres, in-8°. *La contagion sacrée*, Londres, 1768-1770, in-12 ; *Le bon sens*, 1772, in-12.

Diderot a donné les titres d'une grande partie de ces ouvrages dans une lettre à Mlle Voland, et Naigeon le jeune a indiqué dans une note le nom des auteurs.

1° *L'esprit du clergé*, 1767, traduit de l'anglais de Trenchard et de Thomas Gordon, refait en partie par le baron d'Holbach ; 2° *Prêtres démasqués*, traduit de l'anglais, mais refait par d'Holbach, 1768; 3° *Le militaire philosophe*, refait en partie par Naigeon; 4° *L'imposture sacerdotale*, 1767, par d'Holbach; *Doutes sur la religion*, par Gueroult Rival ; *La théologie portative*, par l'abbé Bernier (cet ouvrage est au contraire de d'Holbach); la *Lettre à Eugénie; La contagion sacrée ; L'examen des prophètes;* la *Vie de David*, imprimés en 1768 à Amsterdam, sont tous donnés à d'Holbach; l'*Analyse du traité de théologie politique de Spinosa* est du comte de Boulainvillier. Voyez *Mémoires, correspondances et ouvrages inédits de Diderot*, 1818, 4 vol. in-8°, t. II, p. 390.

nouvelle édition du même recueil en 5 volumes in-8°. Plus tard encore, en 1792, on imprima, non plus subrepticement et sous la rubrique de Londres ou d'Amsterdam, mais sous celle de Paris, et avec les noms d'estimables libraires de la capitale, de *Nouvelles œuvres de Fréret* en 4 volumes in-8°. Ces nouvelles œuvres sont presque entièrement remplies par des écrits contre la religion, déjà publiés sous son nom, à savoir : 1° la *Lettre à Eugénie;* 2° la *Lettre de Thrasybule à Leucippe;* 3° l'*Examen critique des apologistes de la religion chrétienne;* 4° *La Religion chrétienne analysée*[1]. Dès lors il passa pour certain que le secrétaire perpétuel de l'Académie la plus renommée pour l'érudition historique et la sûreté de sa critique, et par son respect pour les vérités religieuses et toutes les convenances sociales, avait passé sa vie à écrire contre la religion de son pays, et contre toutes les religions; que de tous les manuscrits qu'il avait laissés, ceux-là seuls avaient paru dignes d'être publiés par ceux qui en étaient détenteurs; et ces détenteurs, c'étaient les membres de l'Académie des inscriptions et belles-lettres. On savait qu'il avait sans cesse travaillé pour cette Académie, qu'il n'avait vécu que pour elle, et que tout ce qu'il avait écrit avait été remis à ses confrères, membres de cette compagnie.

Cependant, lorsque, en l'an II de la première République, on voulut donner une édition complète des œuvres de Fréret, tous les secrets qui révélaient les intrigues de la secte dite *philosophique* contre la religion avaient été dévoilés par les membres mêmes de cette fameuse coterie, et par la publication des Mémoires et des correspondances contemporaines de ces temps. On sut que ces antagonistes de toute religion ré-

---

[1] *Le christianisme dévoilé*, par d'Holbach, 1767, fut mis sous le nom de Boulanger; *Le bon sens* fut mis sous le nom du curé Meslier.

vélée, quoique se proposant tous le même but, s'étaient partagés en deux camps. Les uns, se considérant comme meilleurs logiciens, s'avouaient franchement athées et matérialistes; les autres, tout en continuant la guerre qu'ils avaient entreprise contre le culte chrétien, n'avaient pu renoncer à l'idée d'un Dieu rémunérateur. Les premiers se réunissaient chez un baron allemand, bon et bienfaisant, jouissant à Paris d'une existence honorable, ayant le goût des sciences naturelles et des travaux utiles; les seconds, la plupart membres de l'Académie française et de l'Académie des belles-lettres, philosophes sceptiques, respectant la religion dans leurs écrits, quelques-uns même y croyant et la pratiquant, composaient la société de la célèbre Mme Geoffrin. Cependant, un certain nombre d'écrivains illustres et théistes, quoique spécialement attachés à cette dernière société, et amis particuliers de celle qui la réunissait, fréquentaient aussi la maison du baron d'Holbach et y étaient conviés. C'étaient Marmontel, Saint-Lambert, Suard, le chevalier de Chatellux, Roux, Darcet, Helvétius, Raynal et l'abbé Morellet[1]. Ce n'était pas seulement par ses dîners que du Thiry, baron d'Holbach, était devenu le chef de file des premiers, c'était par les écrits qu'il composait et qu'il faisait composer. Enthousiaste de l'éloquence dithyrambique de Diderot, il avait un zèle fanatique et infatigable pour la propagation des doctrines de cet écrivain. Afin de l'aider dans cette partie de ses travaux, si étrangers à ceux sur l'histoire naturelle, qui occupaient dignement ses loisirs, d'Holbach avait, en première ligne, le précepteur de ses enfants, Lagrange, l'habile traducteur de Lucrèce, et l'ami intime de celui-ci, Naigeon[2],

---

[1] Morellet, *Mémoires sur le dix-huitième siècle et la révolution*, 1831, in-8°, tom. I, p. 135-136.

[2] La Harpe, *Correspondance littéraire depuis 1774 jusqu'en 1789*, tom. I, p. 234; t. III, p. 302 et 547.

l'élève, le copiste, l'admirateur passionné de Diderot. Naigeon et d'Holbach, quoiqu'ils eussent affaire à un gouvernement assez tolérant, avaient tous les deux des ménagements à garder. D'Holbach craignait surtout d'être troublé dans sa brillante existence, et Naigeon, de voir briser la sienne, que, ni les talents, ni la renommée, ni les richesses ne protégeaient. C'était donc avec le plus grand secret (secret gardé même envers leurs amis les plus intimes) que d'Holbach faisait imprimer en Hollande les ouvrages contre la religion. On les publiait sous le nom des secrétaires perpétuels de l'Académie française (Mirabaud) et de l'Académie des inscriptions (Fréret). Bien moins instruit que d'Holbach[1] dans les sciences solides et exactes, Naigeon était plus versé dans les lettres anciennes, et c'est à lui et à Lagrange que d'Holbach s'en remettait pour tout ce qui concernait les détails d'impression et la correction des épreuves : personne autre qu'eux trois n'avait part à ces publications, de sorte que, accueillies avec une grande faveur par tout le parti dit *philosophique,* on ne douta point qu'elles ne fussent réellement les ouvrages de ceux auxquels on les attribuait. Cependant, l'abbé Morellet nous apprend, dans ses Mémoires, que lui et les philosophes théistes précédemment nommés étaient convaincus que tous ces écrits violents contre la religion chrétienne, mis sous le nom de Fréret et d'autres, émanaient de la plume, ou de l'atelier littéraire, du baron d'Holbach, parce qu'ils y reconnaissaient ses opinions matérialistes et athéistes, souvent combattues par eux. Mais Morellet rapporte, comme un des traits les plus dignes de louanges, que lui et les philosophes ses amis n'osèrent pas,

---

[1] Ils travaillaient souvent en commun; ainsi on dit que le dernier chapitre de l'ouvrage intitulé, *Philosophie militaire, ou difficultés sur la religion, proposées au père Malebranche,* est de d'Holbach.

pendant vingt ans, se communiquer leurs soupçons, et ne se sont entretenus entre eux, avec abandon, sur ce sujet qu'après la mort de d'Holbach : « Tant, dit-il, l'idée du danger que courrait notre ami par une indiscrétion imposait silence à l'amitié la plus confiante [1]. »

Pourtant Voltaire paraît avoir été initié, dès le principe, à ce redoutable secret. Il appartenait, par ses croyances, au parti philosophique modéré que disciplinait Mme Geoffrin, mais, par ses passions, il était uni avec la partie athée, qui s'assemblait chez le baron d'Holbach. Il avait, parmi ceux de ce parti, les correspondants les plus assidus, les plus zélés pour sa gloire. Ils lui pardonnaient son peu de courage à embrasser leurs opinions, et ils lui savaient gré de jeter du ridicule sur les réfutations du savant abbé Bergier, auxquelles il leur eût été difficile de répondre autrement. « Vous êtes, lui écrivait-on, un véritable enfant de tenir encore à votre Dieu rémunérateur, mais pourtant vous êtes un joli enfant. » Lui leur pardonnait moins de vouloir répandre leurs doctrines funestes jusque dans les rangs les plus infimes du peuple : il voulait qu'on se contentât de rendre la petite bourgeoisie moins sotte et moins ignorante. « Si vous aviez, disait-il à Damilaville, des charrues à faire mouvoir, vous sauriez qu'il est essentiel qu'il y ait des gueux ignorants. Quand la populace se mêle de raisonner tout est perdu [2]. »

Le seigneur de Ferney ne pouvait être de l'opinion de Morelly, qui prétendait que l'idée de la propriété est une illusion et non un droit, et que de ce préjugé provenaient toutes les erreurs et tous les crimes de l'humanité. Morelly avait publié, vers ce temps, pour démontrer cette salutaire maxime,

---

[1] Morellet, *Mémoires*, t. 1, p. 136.
[2] Voltaire, t. XLIII. p. 523 (t. VII des Mélanges), LXII, p. 463, 464-518, Correspondance, édit. de Beuchot.

un ouvrage intitulé : *le Code de la nature*. Le mot *nature* donnait alors le vertige à toutes les têtes, comme, depuis, le mot *liberté*, ce qui n'empêche pas que la *bonne nature* et la *bonne liberté* ne soient deux excellentes choses. *Corruptio optimi pessima*. La mauvaise humeur de Voltaire contre les doctrines de d'Holbach et de Diderot se manifesta publiquement dans ses écrits, lorsque la coterie mit au jour le *Système de la nature*[1], en l'attribuant à J. B. Mirabaud; mais il n'en fut pas de même à l'égard des écrits qu'on avait attribués à Fréret : on y avait gardé plus de mesure. Le 1ᵉʳ avril 1766, Voltaire écrivait à Damilaville : « J'attends toujours quelque chose de Fréret : » c'était l'*Examen critique des apologistes de la religion chrétienne*[2]. Ce livre plut à Voltaire, qui mit alors Fréret au nombre des Porphyre, des Celse, des Julien; et, au fond, toutes les objections contre la religion chrétienne qu'on trouvait dans l'*Examen critique* n'étaient que la reproduction de ce qu'avaient dit ces anciens. La preuve que Voltaire n'ignorait pas quel était le véritable auteur de l'*Examen critique*, et la preuve qu'il savait que ce n'était pas Fréret, se trouve dans sa lettre à d'Alembert, du 31 décembre 1768, où il lui dit : « Je sais très-bien quel est l'auteur du livre attribué à Fréret, et je lui garde une fidélité inviolable[3]. » Il en est de même de la *Lettre de Thrasybule à Leucippe*. Le 16 octobre 1765, Voltaire écrivait à Damilaville, « J'attends les manuscrits de Fréret que vous m'avez promis[4]; » c'était de cette *Lettre de Thrasybule à Leucippe* qu'il parlait, car, le mois suivant (24 novembre 1765),

---

[1] *Le système de la nature avec les lois du monde physique et moral*, par Mirabaud, de l'Académie française, 1770. L'infatigable abbé Bergier fit une réponse à cet ouvrage, *Examen du matérialisme*, 1772, 2 vol.

[2] Voltaire parle de ce livre dans ses *Lettres à Damilaville et à d'Alembert*, 13 et 22 juin 1766.

[3] Voltaire, *Œuvres inédites*, édit. de Beuchot, t. XLIII, p. 523.

[4] *Idem. Œuvres*, p. 62 (t. XII de la Correspondance), p. 463.

il écrit encore à Damilaville : « J'ai lu Thrasybule, mon cher ami; il y a de très-bonnes choses et des raisonnements très-forts. Ce n'est pas le style de Fréret, mais n'importe d'où vienne la lumière, pourvu qu'elle éclaire [1]. »

En matière de bon goût, jamais on ne trouve Voltaire complétement en défaut, et sa conscience littéraire le force souvent à des aveux contraires aux injustes critiques que ses haines et ses passions lui inspiraient. Il avait raison, là comme ailleurs; et il était très-vrai que, dans aucun des écrits qu'on attribuait à Fréret, on ne pouvait reconnaître ni son style, ni sa manière. Dans tous ses Mémoires, Fréret procède par un enchaînement d'idées qui se révèle toujours le même, quelle que soit la différence des sujets qu'il traite. Ce sont, comme dit très-bien Bougainville, les mêmes rapprochements, les mêmes suppositions, les mêmes calculs. Mais, du moins, si l'on excepte la *Lettre de Thrasybule à Leucippe*, tous les écrits contre la religion chrétienne qui lui furent attribués ont la forme d'une discussion sérieuse, méthodique, sans préface fictive, sans préambules mensongers ou romanesques : ils commencent d'une manière à attirer l'attention d'un lecteur sérieux. La *Lettre de Thrasybule à Leucippe* fait seule exception. Dans l'édition dont j'ai parlé, après le titre est un avis d'imprimeur, qui dit : « Cet écrit est resté, non pas enseveli dans la poussière des cabinets, mais précieusement conservé par les amis de l'auteur, qui a été longtemps inconnu à la plupart des gens de lettres (et une étoile renvoie à une note qui donne le nom de Fréret avec ses titres). Aujourd'hui que la mort l'a enlevé à la patrie, il est juste de lui restituer le tribut d'éloge que l'on doit à son ouvrage. A la lecture on sentira la nécessité où il s'est trouvé de travestir ses idées, pour les rendre moins choquantes aux pré-

[1] Voltaire, *OEuvres*, t. LXII, p. 464, éd. Beuchot.

jugés du siècle; il écrivait dans un temps (en 1722) où l'esprit philosophique n'avait pas encore fait les progrès qu'il a acquis depuis. » Cet avis d'imprimeur fut supprimé dans les éditions subséquentes que j'ai pu consulter; les pièces préliminaires (fragment d'une lettre du traducteur français, et préface du traducteur anglais), qui tendent à faire croire au lecteur que le livre est traduit de l'anglais, et que l'auteur anglais l'a traduit du grec, d'après un manuscrit du xe siècle, ont été conservées et réimprimées [1].

Pour combattre l'admiration et l'amour qu'inspire à Leucippe la religion chrétienne, et la guérir du bonheur qu'elle lui procure, Thrasybule commence galamment par la comparer à un pâtre fortement touché par une laide et maussade paysanne de son hameau, qui goûterait des plaisirs aussi vifs, et serait aussi parfaitement heureux que l'était Adonis, comblé des faveurs de la plus belle des déesses. Comment a-t-on pu croire que Fréret ait jamais pensé à écrire de telles gentillesses, qui ne sont ni grecques ni françaises?

Lorsque commença la révolution, tous les chefs de cette puissante phalange d'écrivains irréligieux ou cyniques avaient disparu du monde. Le grand missionnaire de l'athéisme, Diderot, ne charmait plus, dans les salons de Paris, les esprits sceptiques du siècle par ses hardis paradoxes, par ses brillantes improvisations sur les sciences, la littérature, et les arts. A la fin de cette période, que j'ai signalée comme la plus fertile en écrits contre la religion chrétienne, en 1775, mourut Lagrange, le traducteur de Lucrèce. Le propagateur et l'auteur de tant d'ouvrages destructeurs des sociétés disparut dans la tombe à la veille de la grande scène de destruction qui allait s'ouvrir; Paul de Thiry, baron d'Holbach, mourut

[1] Fréret, *OEuvres*, éd. 1796, in-12, t. XX, p. 1 à 10.

le 21 janvier 1789. Son agent, son zélé, son laborieux collaborateur, Naigeon seul resta. Il continua, sans opposition, la guerre livrée depuis longtemps à toutes les idées révélatrices de la dignité de l'homme, et à l'espérance d'une meilleure vie. Témoin des succès de sa propagande, il eut tout lieu de se croire un homme important. Il avait été uni dans une même cause à plusieurs hommes d'une grande valeur, il avait été leur aide, leur acolyte; par ses actes, par sa correspondance avec les libraires de Hollande, il avait assumé sur lui tous les dangers de leur entreprise.

Naigeon se prit dès lors pour un homme capable, comme tant d'autres, de régénérer l'État : en 1790 il adressa, à l'Assemblée constituante, sur la liberté de penser et d'écrire, une diatribe tellement violente contre les prêtres, que l'abbé Morellet, qui certes n'était pas suspect de fanatisme religieux, crut devoir répondre à ce factum par un pamphlet intitulé : *Le Préservatif*[1]. Naigeon fit ouvertement, en France, des éditions de plusieurs des ouvrages anti-religieux qu'il avait été obligé de faire imprimer subrepticement en Hollande. Il publia deux éditions des œuvres de son maître Diderot, dans lesquelles il fit entrer des ouvrages inédits d'un cynisme révoltant[2].

---

[1] Morellet, *Mémoires*, t. II, p. 27. Morellet dit à ce sujet : « J'avais eu avec lui (Naigeon), dans la société du baron d'Holbach, des disputes fréquentes et vives, où je combattais son athéisme dogmatique; je ne l'avais pas converti. » Morellet nous apprend encore (t. II, p. 52) qu'alors les grandes célébrités littéraires et les philosophes eux-mêmes, dès les premiers mouvements de 1789, se séparèrent en deux camps : Morellet, Delille, Gaillard, Bréquigny, Vicq-d'Azyr étaient royalistes, et voyaient, dans la révolution commencée, une attaque contre la propriété et l'ordre social entier. Dans l'autre camp étaient La Harpe, Chamfort, Bailly, qui considéraient la révolution comme une ère nouvelle de liberté et de bonheur.

[2] Il réimprima en 1791 *Le bon sens* de d'Holbach, sous le nom du curé Meslier. Il inséra dans son Dictionnaire de philosophie pour l'Encyclopédie méthodique l'analyse que Voltaire avait donnée de la première partie de l'ouvrage de Meslier, que l'on avait osé insérer dans l'édition de Voltaire.

Enfin, avec les lambeaux de tous les ouvrages dont il avait été l'éditeur ou le compilateur, Naigeon fabriqua, pour l'Encyclopédie méthodique, un Dictionnaire de philosophie ancienne et moderne. C'est dans ce livre qu'il inséra un article intitulé, *Philosophie de Fréret*, article remarquable en ce qu'il contient uniquement la *Lettre de Thrasybule à Leucippe,* précédée d'un court préambule. Nous reviendrons sur cette singulière édition du seul ouvrage qu'on a voulu persister à donner à Fréret, lorsqu'il nous faudra déterminer quel est le véritable auteur de tous les écrits qu'on a faussement attribués à notre académicien.

Commençons par nous occuper de tous ceux qu'on a enfin avoué n'être pas de lui.

A l'époque où Naigeon imprimait son Dictionnaire et les œuvres de Diderot, tout ce qui avait rapport à l'érudition était dans un complet discrédit. Malgré les malheurs des temps, malgré la guerre civile et la guerre étrangère, les sciences et même les arts continuèrent à prospérer sous le règne de la première République.

La guerre a besoin des sciences, elle a besoin de leurs miraculeuses créations, de toutes les industries qui s'y rattachent. Et les beaux-arts?... Les beaux-arts!... la guerre ne les fait pas naître, sans doute, mais, chez une nation depuis longtemps civilisée, que captive tout ce qui flatte les sens, la guerre tend aussi la main aux beaux-arts; ils sont les ornements de la victoire, et leur magie entretient la glorieuse exaltation qui fait les héros guerriers. Il n'en est pas de même de tout savoir humain qui ne s'adresse point aux sens mais à l'esprit, qui n'a d'autre but que la culture intellectuelle et morale de l'homme; en un mot pour toutes les branches des connaissances humaines que représente cette Académie, et qu'on a si heureusement désignées sous le nom de BELLES-LETTRES. Presque tous ceux qui les cultivaient, en France, à l'époque dont je parle, étaient exilés, persécutés, proscrits, ou réduits à chercher, dans d'autres occupations ou dans l'exil, des moyens d'existence. Les académies, les congrégations religieuses et les grands corps de magistrature, qui les renfermaient presque tous, étaient anéantis. Il fut cependant un genre de savoir qui reçut, des circonstances de ces temps, un grand élan, c'est la bibliographie. Si elle ne peut prétendre à prendre rang parmi les sciences, on ne peut disconvenir que, pour tout ce qui est du ressort de l'intelligence, la bibliographie ne soit un puissant auxiliaire. Les bibliothèques des couvents, des grands corps de l'état, des émigrés, devinrent propriétés nationales. Il fallut compter, transporter, cataloguer une immense quantité de livres, pour former d'autres bibliothèques. Des hommes de lettres furent forcés, par le besoin, de se séparer de ces précieux volumes, amassés avec tant de peine, leur unique trésor, leur unique consolation. Des gens du monde, auxquels une éducation bien dirigée avait inspiré le goût de l'étude, contraints à réaliser en valeur réelle un papier-monnaie qui se dépréciait d'heure en heure, se mirent à faire le commerce des livres. De sorte que, à aucune époque, les bibliothécaires, les libraires, les hommes versés dans l'histoire littéraire n'eurent des occasions plus fréquentes, ou plutôt ne furent plus souvent dans la nécessité, de voir, de comparer, de classer un plus grand nombre d'ouvrages divers; jamais plus de volumes rares, curieux, parce qu'ils étaient restés ensevelis et inconnus dans de grandes collections, ne parurent au grand jour, et ne furent jetés dans la circulation. Jamais on ne vit tant de ventes de livres, tant de trafiquants de livres en chambre et dans des boutiques, qu'à cette triste époque, où personne n'avait le temps de lire, et où l'on parcourait à la hâte les nombreux catalogues qu'on imprimait.

Ce fut alors qu'on rechercha ceux qui avaient le plus de connaissances bibliographiques, anecdotiques ou littéraires, pouvant fournir des notes instructives ou curieuses sur les éditions; pouvant donner du prix à un livre, soit en indiquant le nombre d'exemplaires qu'on en avait tirés, soit en signalant son degré de rareté, soit en révélant les noms des auteurs qui avaient gardé l'anonyme ou avaient publié sous de faux noms. Un jeune bibliophile, Antoine-Alexandre Barbier[1], se distingua dès lors pour ce dernier genre de recherches, et entreprit dès cette époque son Dictionnaire des anonymes. Il se lia avec Naigeon, savant dans la connaissance des livres et l'homme le plus capable de lui fournir d'utiles et nombreux matériaux pour son entreprise. Barbier crut toujours Naigeon sur parole, et particulièrement pour les publications auxquelles Naigeon avait pris part; et c'est surtout pour celles-là qu'il eût fallu se défier de ses assertions. Barbier[2] enregistra dans son catalogue tout ce qui lui fut dit par Naigeon sur les ouvrages philosophiques attribués à Fréret, et, effectivement, il n'avait pas, il ne pouvait avoir, d'autre autorité. Ce qui importait surtout à l'auteur du Dictionnaire des anonymes, pour construire son immense répertoire, était, d'après des indications même légères, quand il n'en trouvait pas d'autres, d'accoler un nom d'auteur aux ouvrages qui en étaient dépourvus, ou qui avaient été publiés sous des noms supposés. Naigeon, dictateur reconnu pour cette partie de la bibliographie qui avait trait aux livres défendus et imprimés en Hollande, à l'époque où Barbier voulait mettre sous presse

---

[1] D'abord curé de la Ferté-sous-Jouarre, il quitta l'état ecclésiastique et vint à Paris en 1794; il fit partie de la commission temporaire des arts, et il en fut le membre le plus laborieux. — [2] Barbier, *Dictionnaire des anonymes*, 2ᵉ éd. 1822, t. I, p. 463-469, et dans la 1ʳᵉ édit. 1806, t. I, p. 266.

la première édition de son Dictionnaire des anonymes, se trouvait placé sous des influences toutes différentes de celles qui l'avaient excité, quinze ans avant, à écrire son Adresse à l'Assemblée nationale. Naigeon jugea convenable d'attribuer au seul baron d'Holbach presque tous les écrits irréligieux qu'il avait fait imprimer sous différents noms; mais il ne put en agir de même pour ceux qui avaient paru sous le nom de Fréret et qu'on s'était accoutumé à lui attribuer. La Harpe, dans son ouvrage sur la philosophie du xviiie siècle, qui parut en 1805, venait de déclarer qu'il savait quel était l'auteur de l'*Examen critique des apologistes de la religion chrétienne* et il affirmait que cet auteur était encore vivant. Naigeon ne pouvait plus, d'après cette indication, donner cet ouvrage à Fréret, et, cependant, il importait beaucoup au publicateur de ce livre de ne pas laisser soupçonner que l'auteur existait encore. Naigeon s'arrangea de manière à dérouter les soupçons; et, en déchargeant Fréret, il parvint, par une supposition impossible, à ne rien perdre du fruit de son labeur. Il dit donc à Barbier que l'*Examen critique de la religion chrétienne*, que lui-même, pourtant, venait, il y avait peu de temps, d'ajouter aux œuvres complètes de Fréret, après la mort de l'éditeur, Leclerc de Sept-Chênes, n'était pas de Fréret, mais de Burigny.

Pour bien discerner les motifs qui engageaient Naigeon à attribuer l'*Examen critique* à un savant moins célèbre que Fréret, comme érudit, il est nécessaire de rappeler ce que ceux qui ont connu Naigeon nous ont dit de son caractère et du changement qui s'était opéré en lui, lors de sa liaison avec l'auteur du Dictionnaire des anonymes; non que nous prétendions accuser Naigeon d'inconséquence et d'instabilité: nul ne fut, plus que lui, constant dans ses opinions, nul n'eut une ténacité pédantesque plus solidement gourmée. En cela peu semblable à son maître Diderot, dont la vie offrit au monde les plus bizarres fantaisies et les contrastes les plus étranges. Le premier ouvrage de ce chef des encyclopédistes, quoique condamné au feu pour des pensées trop hardies sur la religion catholique, ne semblait annoncer, dans son jeune auteur, aucune inclination pour les désolantes doctrines qui passionnèrent son âge mûr. On y trouve cet aveu que l'athéisme conduit indirectement à la dépravation des mœurs, qu'il n'y a point de vertu sans religion, que le scepticisme sur la religion c'est l'ignorance. On sait encore que Diderot eut une fille qu'il aima tendrement, et que, lorsqu'il se montrait l'apôtre des plus funestes doctrines, cet ennemi du christianisme fit donner à cette fille unique l'éducation la plus chrétienne et la plus sainte. Il l'avait lui-même reçue ainsi, puisqu'il fut destiné à l'état ecclésiastique. Naigeon, au contraire, ne se démentit jamais, et resta le même jusqu'à la mort : il conserva toujours son admiration pour Diderot, mais pour Diderot athée et matérialiste. Naigeon n'avait point d'idées qui lui fussent propres; en renonçant à celles qu'il avait empruntées, sur lesquelles reposaient ses travaux et son existence littéraire, il se serait, en quelque sorte, renié lui-même. A la fois téméraire et timide, il craignait le pouvoir alors même qu'il l'offensait. L'athéisme, quoique repoussé par l'instinct de la multitude, avait été prêché par les plus fougueux révolutionnaires et ensuite renié par un grand nombre. Naigeon, dès lors, se tint sur ses gardes. La théophilanthropie, dont le chef trônait au Luxembourg, le rendit encore circonspect. Il ne changeait rien à ses doctrines, mais il ne cherchait plus à les propager; il se fit le maladroit éditeur de Montaigne, et laissa de côté les livres de philosophie et de théologie : il se montra très-mécontent que Lalande eût placé son nom dans le supplément au Dictionnaire des athées de Sylvain Maréchal. Cette insertion n'avait cependant rien de compromettant pour lui, puisque Jésus-Christ et Socrate se trouvaient dans cette liste, rangés aussi au nombre des athées. Ce furent, sans doute, ces folles imitations des temps révolutionnaires qui engagèrent Napoléon à écrire (le 26 décembre 1805), d'au delà du Rhin, une lettre à l'Institut contre les professeurs d'athéisme. Le concordat avait relevé les autels et mis la religion en honneur. Naigeon était de l'Institut et aspirait, dit-on, à être nommé sénateur; il n'est donc pas étonnant qu'il ait alors cherché à abriter une production, dont il s'était avoué le premier éditeur, sous une réputation moins suspecte d'incrédulité que celle qu'on était parvenu à faire à Fréret. C'est ainsi que, en vertu du bon plaisir de Naigeon, l'*Examen critique,* imprimé avec le nom de Fréret, ne fut plus de lui, mais de Burigny. Cependant, comme de tous les ouvrages que la coterie de d'Holbach avait placés sous le nom de Fréret, il fallait au moins qu'il lui en restât un, Naigeon dit que dans tous les écrits qu'on avait attribués à ce dernier, un seul lui appartenait réellement, c'était la *Lettre de Thrasybule à Leucippe.* Cette double assertion, consignée dans la première édition du Dictionnaire des anonymes, en 1806, fut répétée par tous les bibliographes, et il demeura constant que l'*Examen critique des apologistes de la religion chrétienne* était de Burigny, et non de Fréret.

Il faut croire qu'on fit à Barbier, après la mort de Naigeon et lorsqu'il ne pouvait plus se faire appuyer par cette grande autorité, quelques observations sur une si étrange attribution; car, contre sa coutume, dans la seconde édition de son dictionnaire, il a cru devoir écrire une assez longue dissertation pour prouver que cette attribution était exacte. Il a mis en parallèle, sur deux colonnes, des passages de l'ouvrage sur les *religions anciennes* de Burigny, et de l'*Examen critique*, publié avec le nom de Fréret, qui prouvent évidemment que l'auteur de ce dernier ouvrage, quel qu'il soit, a été pour ces passages le copiste de l'autre; ce qui était bien vrai, et ce qui n'était pas difficile à prouver, puisque l'auteur de l'*Examen critique* cite l'*Histoire de la théologie payenne*, et avoue lui-même, ainsi, qu'il a mis à contribution cet ouvrage de Burigny et plusieurs autres [1]. Barbier ajoute qu'on lui a dit qu'il existait un manuscrit de l'*Examen critique* dans la famille de Burigny, et il ne donne pas le nom de la personne qui possédait ce manuscrit : il n'y avait cependant alors aucun motif pour dissimuler ce nom s'il l'avait connu. Barbier termine en disant : « d'ailleurs Burigny a été le correspondant de Voltaire. » Depuis ces assertions de Barbier, on a encore moins douté que l'*Examen critique* n'ait eu Burigny pour auteur; ce fut un fait prouvé et incontestable acquis à la bibliographie : et comme l'erreur grandit toujours à mesure qu'elle voyage, des compilateurs de dictionnaires bibliographiques ont ajouté qu'outre l'*Examen critique*, Burigny avait composé plusieurs écrits philosophiques et irréligieux; et, en effet, Naigeon lui en attribue encore un autre.

Bergier n'avait pas manqué de répondre à l'appel contenu dans l'insidieux et adroit préambule de l'*Examen critique* que j'ai rapporté. Ce savant théologien composa l'ouvrage intitulé : *Certitude des preuves du Christianisme*. La coterie pensa qu'il ne fallait pas laisser cette lettre sans réplique, et on composa une réponse à l'ouvrage de Bergier. Je ne sais si cette lettre a paru séparément, mais on la trouve dans un livre intitulé : *Recueil philosophique, ou Mélanges de pièces sur la religion et la morale, par différents auteurs*, 2 volumes in-8°, 1770. Toutes ces pièces sont anonymes, toutes sont, non pas

---

[1] *Examen critique des apologistes de la religion chrétienne*, p. 161.

sur, mais contre la morale et la religion. Naigeon s'était déclaré, lorsqu'il parut, éditeur et compilateur de ce recueil; la plupart des pièces, il les donnait à d'Holbach et à Diderot : il en est une qu'il mit sous le nom de Fontenelle; à une autre il accola le nom de Mirabaud; enfin, il attribua à Burigny la *Lettre au sujet du livre* intitulé *Certitude des preuves de la religion chrétienne,* par Bergier, ce qui était une conséquence de ce qu'il avait dit que Burigny était l'auteur de l'*Examen critique des apologistes de la religion chrétienne.* Mais ici, pour mieux convaincre l'honnête bibliographe, il ajouta que Burigny, loin de vouloir cacher l'auteur de cette lettre, l'avait lui-même remise au baron d'Holbach, fait que Barbier enregistra dans son répertoire, sans observations ni commentaires, et avec une parfaite innocence. Ainsi, d'après Naigeon, Burigny en citant et en copiant un de ses ouvrages, n'aurait pas craint de se déceler comme étant l'auteur de l'*Examen critique,* qu'il faisait paraître de son vivant sous le nom de Fréret, et il aurait encore été s'avouer ouvertement au baron d'Holbach et à toute sa société comme l'auteur et le défenseur de ce livre défendu en France, et objet des poursuites les plus rigoureuses de la police du pays. Il se serait déclaré coupable d'une imposture commise au détriment de son ancien confrère Fréret !

Il était impossible de produire des assertions qui fussent plus directement contraires à la vérité, plus en désaccord avec tout ce qu'on savait de l'histoire littéraire du xviiie siècle et de la vie de Burigny en particulier. Les preuves même qu'on a voulu donner sont précisément les plus fortes démonstrations de la fausseté de ces allégations.

Ami de Mme Geoffrin et de la marquise de la Ferté-Imbault, sa fille, chez laquelle il passa les dernières années de sa vie, Lévesque de Burigny a fourni une des plus longues

SUR LES MANUSCRITS DE FRÉRET.

et des plus honorables carrières qu'il soit donné à l'homme de lettres de parcourir. Il mourut en 1785, âgé de quatre-vingt-treize ans, doyen d'âge de tous les hommes de lettres de l'Europe. Homme doux, modeste, laborieux, universellement aimé, estimé, n'ayant pas un seul ennemi, quoiqu'il eût fait de la critique; tellement considéré de ceux qui dirigeaient les affaires de l'État, qu'à son grand étonnement le roi le gratifia d'une pension de 2,000 francs, dont il n'avait nul besoin, sans qu'il l'eût demandée, sans que ses amis eussent rien sollicité pour lui[1].

Mais c'est surtout la correspondance imprimée de Voltaire qui seule suffit pour dissiper tous les soupçons qu'on a jetés sur Burigny, afin de le rendre auteur de l'*Examen critique*. Les quelques lettres qui sont de Voltaire à Burigny qu'on a imprimées démontrent que Voltaire et Burigny n'étaient nullement en correspondance réglée ou intime: elles prouvent encore que Burigny pensait tout différemment de Voltaire en matière de religion. Dans une lettre écrite par Voltaire à Burigny, nous apprenons que ce dernier, près de livrer à l'impression la vie de Bossuet qu'il avait composée, avait consulté Voltaire sur ce que celui-ci avait avancé dans son Siècle de Louis XIV, au sujet du mariage secret de l'évêque de Meaux avec mademoiselle Des Vieux de Mauléon, fable que le cardinal de Bausset a si bien réfutée[2]. Voltaire, embarrassé, jure sur son honneur qu'il a entendu raconter la chose à Berlin, et ensuite, battant la campagne, il cherche à rabaisser Bossuet et la religion chrétienne dans l'esprit de Burigny. Il lui dit que Bossuet était un homme fort éloquent, sans doute, mais que la raison

---

[1] Dacier, dans le recueil des Mémoires de l'Académie des inscriptions, t. XLVII, Histoire, p. 349-365.

[2] De Bausset, *Histoire de Bossuet*, 4ᵉ éd. in-12, t. I, p. 359, n° 1 des pièces justificatives.

est préférable à l'éloquence. Lorsque Burigny écrivit à Voltaire, en lui envoyant un exemplaire de cette vie de Bossuet qu'il venait de publier, Voltaire, auquel déplaisait cet hommage, loue ainsi Burigny d'avoir traduit le Traité de Porphyre sur l'abstinence des viandes. « J'aime mieux votre Traité de Porphyre contre les gourmands, parce que j'espère qu'il me corrigera. »

M. Barbier a cru pouvoir donner plus de force aux conclusions de sa dissertation sur Burigny, en rappelant ce qu'a dit M. Dacier dans l'éloge de cet académicien; que dans le voyage que Burigny fit en Hollande, il goûta fort la conversation des savants ministres protestants de ce pays, et qu'il s'était lié avec eux; mais M. Barbier oublie que c'est parmi les protestants que l'on trouvait alors les plus vigoureux défenseurs de la révélation.

Pour que Burigny ne soit pas soupçonné d'avoir écrit contre la religion chrétienne, il n'est pas nécessaire d'être convaincu qu'il était un catholique ultramontain. Mais, cependant, rien ne prouve dans ses écrits qu'il n'ait pas partagé les sentiments de son amie, Mme Geoffrin, qui mourut d'un froid gagné par son obstination à suivre un jubilé.

On a avoué que l'*Examen critique des apologistes de la religion chrétienne* n'était pas de Fréret; je pense que d'après les éclaircissements que je viens de donner, il est encore moins possible d'attribuer cet ouvrage à Burigny; ce qui achèvera cette démonstration, c'est que je prouverai bientôt quel en est le véritable auteur.

Mais auparavant je dois m'occuper de la *Lettre de Thrasybule à Leucippe*, le seul de tous les ouvrages imprimés sous le nom de Fréret auquel Naigeon semble vouloir faire croire que cet académicien ait pris une part quelconque. Certes, s'il ne s'agissait que de former notre opinion à cet égard, ainsi que nous l'avons dit précédemment, la lecture seule de cet écrit serait pour nous la plus forte preuve qu'il n'est pas de Fréret.

Mais cette preuve toute personnelle ne peut convaincre ceux qui n'ont pas lu les ouvrages de Fréret, et ici une difficulté grave se présente; c'est que dans une notice critique sur la dernière édition des œuvres de Fréret par Leclerc de Sept-Chênes et Naigeon, un savant, membre de l'Académie des belles-lettres, le baron de Sainte-Croix répète ce qu'avait dit Naigeon, à savoir : que la *Lettre de Thrasybule à Leucippe* était de tous les écrits contre la religion le seul qui fût de Fréret. De Sainte-Croix rappelle même des souvenirs qui sembleraient rendre la chose indubitable. « J'ai, dit-il, interrogé d'anciens académiciens, et ils m'ont dit que cette *Lettre de Thrasybule à Leucippe* était de Fréret, et qu'on avait vu une copie de sa main dans le cabinet de M. de Foncemagne. Et dans sa prison de la Bastille, ajoute Sainte Croix, Fréret s'était nourri de la lecture de Bayle et s'était inspiré de lui pour faire cet écrit [1]. »

On a véritablement droit de s'étonner jusqu'à quel point un académicien, si savant sur ce qui a trait à l'histoire du siècle d'Auguste, ignorait l'histoire de son temps. Quant à la lecture de Bayle qu'on dit que Fréret fit dans sa prison, des pièces authentiques, qui à la vérité n'ont été connues ni de Sainte-Croix, ni d'aucun des biographes de Fréret, nous donnent la liste de tous les livres et les papiers qu'on permit à Fréret de posséder à la Bastille; et lui-même nous a instruits des lectures qu'il y fit, des ouvrages dont il s'occupa. On verra dans la suite de ce rapport qu'alors il était bien loin de songer à

---

[1] De Sainte-Croix, dans le Magasin encyclopédique de Millin, 2ᵉ année, tom. V, p. 224-227. De Sainte-Croix, né en 1746, fut reçu académicien libre en 1777, habita Avignon, et ne vint se fixer à Paris que dans les dernières années de sa vie.

Bayle, et de vouloir écrire pour ou contre la religion. Relativement à la première partie de l'assertion du baron de Sainte-Croix, on ne peut douter que cet académicien, nommé membre libre seulement en 1777, et ayant presque toujours résidé en province, aura fait quelque confusion, et que sa mémoire aura été faussée par l'impression qu'exerçait sur son esprit l'assertion de Naigeon, dont l'autorité était si grande en fait d'anecdotes bibliographiques. M. Dacier, bien autrement instruit que M. de Sainte-Croix et que Naigeon de tout ce qui concerne l'Académie des belles-lettres, M. Dacier, qui fut élevé en quelque sorte par M. de Foncemagne, pour devenir secrétaire de cette Académie, et en fut membre pendant plus de cinquante ans, nous a déclaré, après que cet article de Sainte-Croix eut paru, que Fréret n'était point l'auteur de la *Lettre de Thrasybule à Leucippe*, ni d'aucun des écrits contre la religion chrétienne qu'on lui avait attribués. Il a répété la même assertion à M. Champollion-Figeac, qui a écrit une bonne biographie de Fréret, en tête du premier volume de l'édition projetée des œuvres de cet académicien. M. Raoul-Rochette, quand il écrivit son excellente notice sur Fréret dans la Biographie universelle, se trouvait en relation continuelle avec MM. Dacier et Dutheil, et avait, avant M. Champollion-Figeac, rejeté bien loin de la pensée de Fréret l'intention d'écrire des ouvrages tels que l'*Examen critique des apologistes de la religion chrétienne* et la *Lettre de Thrasybule à Leucippe*. Ce qui aurait dû rendre Sainte-Croix circonspect dans ses assertions pour la lettre de Thrasybule à Leucippe, c'est ce qu'il affirme lui-même immédiatement après : « Je dois attester ici, dit-il, que je n'ai point trouvé la moindre trace de semblables écrits dans la recherche exacte et réitérée que j'ai faite de tous les papiers de Fréret. »

De Sainte-Croix aurait pu ajouter que dans tous les ouvrages de Fréret qui ont été publiés d'après ses autographes, on ne trouve pas le moindre indice d'opinions contraires à la religion chrétienne. Du petit nombre de mémoires que Fréret a composés sur la religion et la philosophie des anciens, de la lecture de tout ce qu'il a écrit, il ressort évidemment que, par la nature de son esprit, il n'aimait pas à se détourner des objets de méditation et d'étude auxquels suffisent la connaissance des faits, la logique et le calcul, pour s'occuper de ceux devant lesquels la raison humaine doit d'abord s'incliner et scruter sa faiblesse pour conserver toute sa force. Fréret a embrassé tous les genres d'étude : dans le siècle où il a vécu on s'occupait trop de théologie pour qu'il ait entièrement négligé celle-là, mais il est évident qu'elle a occupé la plus petite partie de son temps. Burigny, ainsi que lui, n'avait pas assez de loisirs pour suffire aux recherches positives auxquelles ils se livraient tous deux avec ardeur. Ils étaient trop sages pour employer leur érudition à accroître l'animosité des partis. Pourquoi donc ces impostures littéraires ont-elles trouvé plus de crédit pour Fréret et Burigny que pour Fontenelle? C'est que les deux premiers avaient beaucoup écrit sur toutes sortes de sujets d'érudition ; c'est que Fréret s'étant acquis une grande réputation de savoir et d'habileté pour tout discuter, sans avoir presque rien publié, et ayant laissé après lui un grand nombre de manuscrits, il était facile de le faire considérer comme un philosophe à doctrines secrètes, dont les écrits étaient de nature à ne pouvoir paraître de son vivant avec son nom, et à n'être publiés que subrepticement. Quant à Burigny, ce qui donnait prise sur lui, c'étaient ses ouvrages sur la religion des anciens, ses travaux sur les Néo-Platoniciens, ses traductions de Porphyre, du Traité sur l'abstinence des viandes, de la Vie de Plotin, son Traité sur l'autorité du pape, ouvrage d'un bon catholique quoiqu'il ne satisfît ni les jansénistes, ni les ultramontains : enfin, et plus que tout cela, sa vie passée dans le grand monde d'alors, ses liaisons avec les académiciens, ses confrères, amis de Voltaire. Cependant, pas une ligne de Fréret ou de Burigny ne prouve que l'un et l'autre entretinssent sur la religion des opinions contraires à celles des personnes pieuses et respectables avec lesquelles ils étaient beaucoup plus intimement liés qu'avec ceux du parti philosophique.

Il semble donc encore que, pour compléter toutes les preuves que j'ai avancées, je n'ai plus qu'à nommer celui qui s'est lui-même avoué l'auteur, ou du moins le principal rédacteur, des deux ouvrages pendant si longtemps attribués à Fréret et à Burigny; et j'eusse nommé cet auteur en commençant cette discussion, si, pour mettre dans tout son jour cette preuve qui rendait toutes les autres inutiles, je n'avais pas pensé que, pour qu'elle fût décisive, il fallût écarter tous les nuages qui pouvaient en obscurcir la clarté, et rectifier toutes les conjectures qu'on avait formées, tous les faux jugements qu'on avait portés, relativement à une circonstance de la vie de Fréret dont on a habilement profité pour répandre la croyance qu'il était l'auteur des écrits qu'on fit imprimer sous son nom longtemps après sa mort.

Ceux qui les lui attribuaient ne disaient pas qu'il eût publié, de son vivant, aucun ouvrage défendu en France, ou aucun écrit irréligieux; mais ils annonçaient que les ouvrages qui paraissaient sous son nom étaient imprimés d'après ses manuscrits; et ils avaient bien soin, pour appuyer leur assertion, de rappeler que, dès le début de sa carrière littéraire, il avait été mis en prison pour des écrits dont le gouvernement n'avait pas voulu permettre l'impression.

SUR LES MANUSCRITS DE FRÉRET. 49

Les motifs de l'arrestation de Fréret, les particularités de sa détention, ont été ignorés des auteurs qui ont publié des notices historiques sur cet académicien, et ne nous ont été révélés que depuis. Mais, pour bien comprendre les documents qui nous les donnent, il est nécessaire de dire quelques mots qui fassent connaître où en était le gouvernement à cette époque.

Quand Fréret fut conduit à la Bastille le 26 décembre 1714, Louis XIV n'avait plus que sept mois à vivre, mais il était encore *le roi*, il était encore Louis XIV. Hors l'activité corporelle que son âge et ses infirmités lui interdisaient, il n'avait rien changé aux habitudes de sa vie. Tous les matins il consacrait de longues heures au travail avec ses ministres, mais ce n'était plus avec cette mémoire des noms, des hommes et des choses; avec cette aptitude à saisir vivement tous les détails des affaires, avec ce jugement sûr et prompt, qui, dans la force de l'âge, lui donnaient les moyens de tenir hautes et fermes les rênes de son gouvernement. Le soir il lui fallait, comme toujours, les distractions du jeu et du spectacle; et, attendu que les scrupules de sa conscience ne lui permettaient plus d'encourager par sa présence les comédiens écartés de la communion des fidèles, la jeunesse de sa cour, dirigée par l'acteur Baron, jouait devant lui, dans les appartements de Mme de Maintenon, non pas *Athalie* ou *le Cid*, *Tartuffe* ou *le Misanthrope*, mais *Pourceaugnac*, *Crispin médecin* et *le Mariage forcé*.

Louis XIV avait simplifié son ministère : le chancelier Voysin (ancien intendant de Saint-Cyr) avait été nommé ministre de la guerre. Voysin, de son propre aveu, n'entendait rien à la guerre; Louis XIV le savait; mais n'importe : par le traité d'Utrecht, qu'il venait de conclure, il était en paix avec tout le monde; l'administration et le personnel du militaire était ce qu'il savait le mieux, et il avait besoin de réunir l'épée et la toge, la force et la justice, ou du moins les formes de la justice, pour comprimer les mécontents, empêcher le trône de s'écrouler sous le poids des adversités qui s'étaient accumulées dans les dernières années de son règne, auparavant si florissant. Les guerres avaient dépeuplé le royaume, des hivers rigoureux avaient appauvri le sol, et amené de hideuses famines; la révocation de l'édit de Nantes avait abîmé les manufactures et le commerce; l'énormité des taxes, en ruinant les cultivateurs, ne remédiait pas au désordre des finances, qui, comme au temps de Fouquet, étaient redevenues la proie des traitants; les franchises et les libertés des provinces et des cités étaient anéanties; la magistrature silencieuse, l'absolu pouvoir partout reconnu, et la moindre opposition à la volonté royale considérée comme une révolte, comme un crime énorme et punissable. Les protestants domptés ou chassés, il ne restait plus aux censeurs du pouvoir, pour n'être pas classés parmi les révoltés, qu'une seule ressource, c'était de s'enrôler sous le drapeau de la religion. Les priviléges imprescriptibles de la conscience, si fortement violés contre les protestants, devaient, on l'espérait, être respectés dans ceux qui soutenaient la vraie et saine doctrine de la religion catholique, or telle était la prétention des jansénistes. Mais, dès le principe, le gouvernement avait toujours pris parti pour ceux qui affirmaient que cette prétention n'était pas fondée. Il s'ensuivait que tous ceux qui voulaient s'opposer au gouvernement se ralliaient à cette secte sévère; et plusieurs furent réputés jansénistes furieux qui étaient à peine chrétiens. Telle est la cause de cette lutte entre des opinions théologiques religieuses qui se prolongea si longtemps après la mort de Louis XIV, sous un gouvernement qui se souciait fort peu de théologie et de religion. Louis XIV voyait dans les jansénistes l'hérésie et la révolte personnifiées, et il regardait comme son devoir le plus sacré de faire cesser leur résistance. Il avait armé pour la combattre une puissance nouvelle, celle de la police, que d'Argenson avait en quelque sorte créée. Nommé lieutenant de police de Paris, d'Argenson fit rendre en 1700 un édit qui séparait nettement la juridiction de cette magistrature de celle du prévôt des marchands[1], et donna à son administration une organisation forte et habile, qui étendit son autorité à la fois bienfaisante et oppressive, hors des limites de la capitale. Il fit de la police un des principaux moyens de gouvernement. D'Argenson n'établissait aucune distinction entre ceux qu'il savait, ou qu'il soupçonnait, être opposés au pouvoir. Pour le roi comme pour lui ils étaient tous des jansénistes.

L'Académie française et l'Académie des sciences ne pouvaient, à l'époque dont nous traitons, être suspectes à Louis XIV et à son gouvernement. Plusieurs des membres les plus éminents de l'Académie française avaient fait l'éloge de la révocation de l'édit de Nantes : La Bruyère en prose, et Fontenelle en vers.

Il n'en était pas ainsi de l'Académie des inscriptions et belles-lettres que Louis XIV venait de réorganiser, et à laquelle, par ses lettres patentes de 1713, il avait accordé l'honneur de siéger au Louvre. C'est lorsqu'il eut nommé le père Daniel son historiographe, que cette compagnie sembla abandonner ses travaux sur l'antiquité pour disserter sur les origines de la nation française, et agiter des questions qui touchaient, plus ou moins, aux fondements de l'autorité royale et des parlements.

Ce fut dans ces circonstances que l'Académie retint pour

---

[1] Depping, *Correspondance administrative sous le règne de Louis XIV*, 1850, in-4°, Introduction, p. xxxix; et conf. *Ordonnances de Louis XIV concernant la juridiction du prévôt des marchands et échevins de la ville de Paris*. Paris, 1753, in-8°.

être lue en séance publique une dissertation de Fréret sur l'origine des Français, que l'influence des académiciens grands seigneurs était parvenue une première fois à écarter. Par cette conduite l'Académie fut réputée janséniste, et Fréret fut arrêté.

Cinquante ans après cette époque, après la régence, après les extravagances du fameux système, après la publication des ouvrages de philosophie et d'histoire composés par Voltaire, Diderot, Mably, et tant d'autres; alors qu'on s'occupait le plus de ceux de ces ouvrages qui avaient donné à Fréret la réputation du plus savant apôtre du scepticisme, on voulut savoir pourquoi il avait été mis à la Bastille. Personne ne le pouvait dire; le préjugé universel contre les ecclésiastiques, en ce siècle si fort courroucé contre les préjugés, ne permit pas une longue hésitation. Les soupçons tombèrent sur un prêtre mort depuis trente ans, laissant, il est vrai, une réputation d'homme d'honneur et de probité; mais n'importe, n'était-ce pas un prêtre, n'était-ce pas lui qui avait différé d'opinion avec Fréret sur un point obscur de l'Histoire de France, immédiatement avant l'arrestation de ce dernier? Ce prêtre, deux fois curé, n'avait-il pas dans sa jeunesse été tellement atteint de la folie de la croix, qu'il s'était fait capucin, et sa famille, noble et riche, n'avait-elle pas eu bien de la peine à l'arracher à cet ordre de mendiants? Il était donc évident que c'était lui qui avait dénoncé Fréret à l'autorité; et depuis, lorsque de Sainte-Croix eut imprimé que ce soupçon était fondé sur une tradition académique, pas un biographe de Fréret, pas un compilateur de dictionnaire ne manqua de répéter que le dénonciateur de Fréret avait été le curé de Croissy-la-Garenne, l'abbé René-Auber de Vertot. — Vertot! l'ami intime de Fontenelle; Vertot, qui dans un temps de scandale et d'intrigues, a rempli une longue carrière sans laisser dans sa vie une seule tache, sans s'être fait un seul ennemi, accusé d'une lâche perfidie! Vertot, auquel les Noailles avaient remis les nombreux portefeuilles de leur maison pour en composer des Mémoires, déclaré ennemi de Fréret, qui a été commensal des Noailles, qui a dirigé l'éducation des enfants du duc de Noailles[1]! Vertot, qui osa prouver l'inanité des témoignages historiques sur le miracle de la sainte Ampoule[2], accusant un de ses confrères d'avoir eu la témérité d'émettre une opinion trop hardie sur notre histoire! Vertot, enfin, qui, alors à l'apogée de sa réputation, montrait le plus de zèle pour les intérêts de la compagnie dont il était membre, qui la vivifiait par ses travaux, et qui dans les premières années de sa nouvelle existence, contribuait le plus à la mettre au niveau de sa destinée, lui, soupçonné d'avoir voulu nuire aux débuts d'un jeune confrère, qui venait prêter aide et assistance à son patriotisme académique!

Mais si cette tradition a obtenu réellement quelque crédit parmi les contemporains de Sainte Croix, il a fallu que les académiciens des règnes de Louis XV et de Louis XVI n'aient pas eu la moindre idée de quelle manière fut gouvernée, dans les quinze dernières années du règne de Louis XIV, l'Académie des inscriptions et belles-lettres. Il faut qu'ils se soient peu imaginé ce qu'était alors cette compagnie illustre dans toute l'Eu-

---

[1] Conférer les Éloges de Vertot et de Fréret dans les Mémoires de l'Académie des belles-lettres, t. XII, p. 325, Histoire; t. XXIII, p. 314, Hist.

[2] Gibbon, citant cette dissertation sur la sainte Ampoule, a dit que Vertot avait mis bas cette absurde légende avec un respect profond et une habileté consommée. Ce Mémoire qu'un Anglais a si bien compris, deux académiciens français de nos jours s'y sont entièrement mépris, et ont, à ce sujet, accusé Vertot d'hypocrisie ou de défaut de sens : exemple remarquable du pouvoir de la prévention sur les plus fortes intelligences. Conférez Gibbon dans History of the decline and fall of the Roman Empire; London, in-8°, 1797, ch. xxxviii, t. VI, p. 319; et l'article Clovis dans la Biographie universelle et dans les Vies de plusieurs personnages célèbres; Laon, in-8°, 1830, t. I, p. 147 et 159; et Vertot, Mémoires de l'Acad. des inscr. t. II, p. 619-632.

rope par la publication de ce recueil, recueil qui faisait dire au plus érudit des historiens anglais, Gibbon, qu'il ne connaissait pas de plus riche trésor d'érudition et de critique historique, et que l'Académie des belles-lettres était une de ces sociétés dont la création avait plus contribué à immortaliser Louis XIV que toutes ses batailles et toutes ses victoires [1]. Il a fallu qu'ils crussent que, comme de leur temps, la compagnie nommait les officiers de son bureau, dirigeait elle-même ses travaux, et que ses membres n'entendaient parler des autorités que pour en recevoir des gratifications, des compliments et des faveurs; et qu'enfin les ministres de Louis XIV, pour connaître ce qui se passait dans le sein de l'Académie, avaient alors besoin qu'un académicien trahît le secret des séances particulières.

Sans doute Sainte-Croix et ses contemporains ne pouvaient apprendre ce qu'avait été l'Académie soixante ans avant eux, par l'histoire de la compagnie, telle qu'elle se trouve écrite, dans le recueil des Mémoires, par les divers secrétaires perpétuels qui se sont succédé. Tous les historiens ont des réticences, et il est nécessaire qu'on donne, à cet égard, une pleine licence aux historiens des académies. Mais si Sainte-Croix avait consulté les registres manuscrits de l'Académie, il eût été complétement détrompé de son erreur. Là il eût trouvé exactement consigné tout ce qui s'était dit et fait longtemps avant lui; il eût trouvé la correspondance et les mémoires qu'on y avait lus fidèlement transcrits; il eût appris que depuis 1663 jusqu'à 1701 les huit ou dix membres [2] qui com-

---

[1] Gibbon, *Memoirs of my life and writings*. Paris, 1840, in-8°, p. 84 et 85.

[2] Dans le premier registre de l'Académie, la liste de ceux qui composaient cette commission est donnée dans la première séance de l'année 1694, qui n'eut lieu que le 3 avril. Dans cette liste trois noms apparaissent hors ligne, comme président, vice-président, directeur, à savoir : Pontchartrain, Phélippeaux, l'abbé Bignon; puis après Charpentier, Félibien, Racine, Despréaux, de Tourreil, l'abbé Renaudot,

posaient l'Académie furent uniquement occupés (et très-activement occupés) à la composition des nombreuses médailles de l'histoire métallique du règne de Lous XIV, des devises de jetons pour les diverses administrations, et de quelques inscriptions pour les monuments publics; il eût su que lorsque cette grande tâche eut été presque entièrement achevée, les Académiciens se trouvèrent, en quelque sorte, sans occupation fixe et déterminée, et que ce fut alors qu'après quelques hésitations, au lieu de les supprimer, Louis XIV augmenta leur nombre, leur donna un règlement signé de lui, et leur imposa le devoir de faire entre eux des lectures et d'explorer l'histoire et l'antiquité tout entière.

Pontchartrain, qui avait eu la principale part à la rédaction de ce nouveau règlement, en sa qualité de contrôleur des finances et de ministre de la maison du roi, se réserva la tutelle de l'Académie ainsi réorganisée. Il exerça sur elle une surveillance bienveillante, sans doute, mais sévère ; Rohan, évêque de Strasbourg, de Foucault, intendant de Caen, le père le Tellier [1], jésuite et confesseur du roi, et plusieurs autres, qu'il lui fit donner pour présidents ou vice-présidents, n'auraient pas été ceux que l'Académie aurait choisis, si elle avait eu la faculté qu'elle obtint depuis de former elle-même son bureau. Pontchartrain se faisait remettre les registres de l'Académie : à la fin du premier, celui de 1701 (je dis du premier depuis la réorganisation, car les registres réguliers commencent

---

l'abbé de la Loubère complètent l'Académie. Ce registre contient toutes les médailles arrêtées depuis la naissance du roi, en 1638, jusqu'à sa convalescence à Calais, en 1658.

[1] Le père La Chaise avait été de l'Académie des belles-lettres avant le Tellier.

Il mourut le 20 janvier 1709; Bignon lui succéda. Voyez le registre manuscrit pour cette année 1709, partie I. La partie II contient, à la page 1098, une inscription en caractères cunéiformes, qui marque le commencement de cette étude en France, et peut-être en Europe.

en l'année 1694), on trouve cette note de la main de Pontchartrain et signée de lui :

« J'ai examiné le présent registre par ordre du roy, qui m'a
« commandé de lui rendre compte souvent de l'exécution du
« règlement. »

Le visa écrit de la main de Pontchartrain sur le registre de 1702 est encore plus remarquable :

« Vu et examiné par ordre du roy, qui m'a ordonné de mar-
« quer également à la compagnie sa satisfaction, et l'espérance
« que les suites les surpasseront de beaucoup.

« Signé PONTCHARTRAIN. »

Le visa de 1707 se termine ainsi :

« On ne peut assez louer ce commencement de travail, qui
« donne lieu de mieux espérer dans la suite. Ce 8 avril 1708.

« Signé PONTCHARTRAIN. »

On voit par la date de ce visa que Pontchartrain mit plus de temps que de coutume pour examiner le travail de l'Académie; c'est que cette fois il y avait deux gros registres pour l'année au lieu d'un seul.

Quand Pontchartrain fut fait chancelier, son fils devint contrôleur des finances et ministre de la maison du roi. Il devait, en cette qualité, avoir la tutelle de l'Académie des belles-lettres qu'avait eue son père; il n'en fut pas ainsi. Pontchartrain, chancelier, retint pour lui le gouvernement de l'Académie des belles-lettres : il avait une haute opinion du savoir de ses membres, et il voulait les astreindre au travail. Lorsqu'ils avaient besoin, soit pour leurs affaires, soit par toute autre cause, de s'absenter de Paris, ils ne pouvaient le faire sans demander un congé au roi. Dans la lettre que Ponhtcartrain écrivit au secrétaire de l'Académie pour prolonger le congé qu'avait obtenu M. de Mandajors, Pontchartrain dit[1] : « MM. les « académiciens n'ignorent pas que le premier de leur devoir « est l'assiduité. »

S'apercevant que, malgré les recommandations faites dans ses visas, l'Académie se relâchait dans ses travaux, ce ministre écrivit, en 1710, une lettre qui s'adressait à MM. les académiciens ; il les y prenait individuellement tous à partie, et il leur faisait des reproches sévères. Dans cette lettre, Pontchartrain s'étonne que l'on ait parlé d'un travail en commun comme d'une chose nouvelle dans l'Académie, tandis que depuis longtemps l'Académie avait projeté, et presque promis, de s'occuper d'un travail en commun sur les auteurs anciens, en commençant par Pausanias, Aulu-Gelle, et les Fastes d'Ovide. Il se plaint amèrement que l'exécution du règlement, en plusieurs points essentiels, ait été négligée, et notamment en ce qui concerne l'ordre à établir, au commencement de l'année, pour que chaque académicien soit appointé à son tour de rôle comme lecteur pour chacune des séances. Il annonce à Messieurs qu'il charge le secrétaire de l'Académie de lui envoyer régulièrement après chaque assemblée une note de tout ce qui s'y sera fait ; c'est-à-dire les noms des académiciens qui auraient lu, soit à leur tour, soit par extraordinaire, les matières qu'ils auront traitées, les noms de ceux qui devaient lire, et de ceux qui ne l'auraient pas fait, avec leurs excuses, s'ils en ont.

Cette mesure ne resta pas sans exécution. Dans la séance du 29 janvier 1712, il fut lu une lettre du chancelier Pontchartrain à l'Académie, pour se plaindre que les lettres qu'il avait écrites par ordre du roi à l'Académie, en date des 3 et

---

[1] Ceci n'eut lieu qu'en 1714, peu avant la retraite de Pontchartrain. La lettre qu'il écrivit à ce sujet à l'Académie est du 23 février 1714.

17 décembre 1710, avaient eu peu d'effet. « Il n'a pu s'empêcher, dit-il, d'en rendre compte au roi [1]. Sa majesté ayant été informée que ceux qui y ont le plus formellement contrevenu sont le sieur Prévost dans le rang des associés, et le sieur Morin dans le rang des élèves, elle veut que leurs noms soient dès à présent rayés de la liste des académiciens, qu'ils ne soient plus admis aux assemblées, et que leurs places soient incessamment réglées comme si elles étaient vacantes par la mort [2]. » Ce qui fut fait.

En 1714, Pontchartrain fit une chose insolite: il fit nommer directeur, Gros de Boze, secrétaire de l'Académie; or le directeur était le président de fait, attendu que les hauts et puissants personnages qui étaient nommés présidents ne présidaient pas régulièrement. Je ne connais pas d'autre exemple de ce cumul, et il eut lieu précisément dans l'année, et seulement dans l'année, où Fréret fut arrêté. On pourrait donc rejeter sur Gros de Boze, qui, plus que tous ses confrères, avait alors accès auprès des ministres, le soupçon d'avoir fait mettre Fréret à la Bastille; mais jamais un pareil soupçon n'a pu atteindre cet estimable secrétaire, auquel l'Académie est redevable de la publication des quinze premiers volumes de ses Mémoires. D'ailleurs, si c'est sous la présidence de Gros de Boze que Fréret fut arrêté, c'est aussi sous la présidence du même académicien qu'il fut élu. Il suffira de transcrire

---

[1] Registre manuscrit de l'Académie de 1710, p. 1089. Le père le Tellier avait été nommé président de l'Académie par le roi, pour toute cette année 1710. Dans le registre manuscrit de cette même année, 1ʳᵉ partie, p. 230, on trouve un très-beau plan des ruines de Persépolis, communiqué par M. Deslandes. En 1712, Rohan, évêque de Strasbourg, fut nommé président par le roi, et fut fait cardinal cette même année. On lit dans le registre de 1712, p. 54 et 602, deux lettres de Leibnitz sur des monuments trouvés à Notre-Dame en 1711: ont-elles été publiées?

[2] Registre manuscrit de l'Académie, p. 12, pour 1712.

ici les passages des procès-verbaux qui concernent l'élection de Fréret, pour prouver l'extrême bienveillance de tous les académiciens de cette époque pour cet illustre élève[1].

Séance du vendredi 16 mars 1714.

« On devait délibérer aujourd'hui sur la proposition que M. Félibien fit vendredi dernier de M. Fréret, pour son élève; mais comme M. Fréret n'a vu dans cet espace de temps aucun académicien, la compagnie ne s'est pas trouvée en état de porter un jugement à son égard, et on s'est contenté de remettre cette délibération à la prochaine assemblée, sur ce que M. Sevin a dit qu'il y avait en cela plus de sa faute que de celle de M. Fréret; qu'il l'avait lui-même induit en erreur, en l'assurant qu'il lui suffirait de voir *Messieurs* quand ils lui auraient donné leurs suffrages, s'étant imaginé pour lors que tel était l'usage. »

Séance du mardi 20 mars 1714.

« L'Académie déclare qu'elle a eu le temps de s'informer de la capacité de M. Fréret. Elle délibère à ce sujet par la voie du scrutin, et M. Fréret obtient *tous les suffrages* pour la place vacante par la démission de M. Godeau[2]. »

D'après une circonstance rapportée par Fréret lui-même dans un extrait manuscrit de son Mémoire sur la chronologie chinoise[3], j'apprends que l'abbé Sevin, qui l'excusa si obligeamment dans la séance du 16, ne le connaissait que depuis un an, tandis que Fréret était lié depuis longtemps avec plusieurs autres membres de l'Académie, et notamment avec Rollin, dont il était l'élève. Rollin, qui avait fait l'éducation du duc de

---

[1] Registre manuscrit de l'Académie pour 1714, p. 205.
[2] Registre manuscrit de l'Académie pour 1714, p. 213. — [3] Dans sa discussion avec Fourmont sur le chinois.

Noailles, père des jeunes gens dont Fréret éleva les enfants, était aussi, avec Vertot, fort en faveur auprès du cardinal de Noailles et de toute sa famille.

Fréret ne fut donc pas dénoncé par un de ses confrères, qui étaient tous ses amis (je parle de ceux de ses confrères hommes de lettres qui appartenaient à l'Académie par droit de libre élection, non par droit de naissance ou de puissance). Mais dans le cours de l'année 1714, où il fut arrêté, Pontchartrain, le grand protecteur de l'Académie, cessa d'être chancelier : Voysin le remplaça. Le cardinal de Noailles se mit presque en révolte ouverte contre le pape et contre le roi, en refusant de reconnaître la bulle *Unigenitus,* en défendant aux prêtres de son diocèse de s'y conformer, en interdisant tous les prêtres jésuites qui l'avaient acceptée. L'arrestation de Fréret fut donc un acte d'hostilité contre le cardinal de Noailles, contre les jansénistes, contre l'Académie, qui travailla peu cette année, et ne produisit qu'un seul registre, et dont les membres eurent le tort très-grand, à cette époque, de négliger l'histoire ancienne et de s'occuper beaucoup trop de l'histoire moderne et contemporaine de la France. Vertot, dans son Histoire de Malte, avait écrit des pages courageuses contre la puissance des papes, qui devaient le faire considérer, plutôt que Fréret, comme du parti janséniste ; mais Fréret n'était pas, ainsi que lui, protégé par le caractère de prêtre, par l'âge, par une considération et une renommée déjà anciennes.

Il y avait bien des motifs pour que le chancelier Voysin et d'Argenson eussent alors les yeux ouverts sur Fréret, et qu'il leur fût suspect. Voysin avait dressé le fameux testament en faveur des princes légitimés, par lequel Louis XIV prétendait prolonger son pouvoir après sa mort, et régler à son gré, contre les plus anciens usages de la monarchie, le gouvernement de la France. Voysin devait trahir Mme de Maintenon, qui avait contribué à son élévation, et avertir secrètement le duc d'Orléans des dispositions principales de ce testament. Tout ce que nos annales pouvaient apprendre sur l'origine du pouvoir de nos rois, sur les droits de leurs enfants légitimes ou légitimés, des princes du sang, des pairs de France, du parlement, devenait d'une importance majeure dans la lutte qu'on prévoyait après la mort de Louis XIV : par cette raison, on faisait alors attention à tout ce qui s'écrivait sur l'histoire de la France. Le fils du procureur Fréret, ostensiblement, n'était mêlé à aucune intrigue; il menait, chez son père, une vie obscure et retirée; on ne trouvait son nom sur aucune publication; mais il écrivait beaucoup, et il parlait aussi beaucoup chez un petit nombre d'amis, suspects de jansénisme, où il avait coutume de se rendre. Depuis sept ans, les membres actifs, c'est-à-dire ceux qui travaillaient, dans l'Académie des inscriptions et médailles, ne se trouvant pas assez en liberté dans le sein de la compagnie pour se communiquer leurs idées, se réunissaient chaque semaine chez un haut personnage, et y tenaient des conférences sur les sujets les plus difficultueux de l'histoire ecclésiastique et civile, de la chronologie et de la géographie ancienne [1]. Fréret, à l'âge de dix-neuf ans, avait été introduit dans cette société choisie, et il surprit tous ceux qui en faisaient partie par la facilité de son élocution, par la promptitude de sa mémoire, par l'étendue de son érudition. Neuf mémoires qu'il avait lus dans ces réunions, avant d'être reçu à l'Académie, ont été retrouvés par Bougainville : aucun ne concernait l'histoire de la France; ils traitaient d'objets relatifs à la religion grecque,

---

[1] En 1707. Voyez Bougainville, *Éloge de Fréret*, dans le recueil des Mémoires de l'Académie des inscriptions, t. XXIII, p. 315, Histoire.

au culte de Bacchus et de Cérès, de Cybèle et d'Apollon. Bougainville n'a pas jugé à propos de nous dire le nom du haut personnage chez lequel se tenaient ces doctes assemblées; mais j'ai tout lieu de présumer que c'était chez le duc de Noailles. Sans doute le duc de Noailles était trop bon courtisan, trop bien appuyé par Mme de Maintenon, dont il avait épousé la nièce, pour n'être pas bien vu de Louis XIV; mais cependant c'est alors que le nom même de Noailles était devenu odieux au vieux monarque, à cause de la résistance que le cardinal de Noailles opposait à ses volontés. C'est en 1714 que cet archevêque de Paris défendit de recevoir la bulle du pape *Unigenitus,* dite la *Constitution,* par laquelle on s'était flatté de terminer l'espèce de schisme qui divisait l'Église de France, et d'obliger les jansénistes à se soumettre. D'ailleurs, par quelle raison, se demandait Voysin, ce fils du procureur Fréret avait-il quitté la robe d'avocat pour devenir membre de l'*Académie des médailles,* et griffonner des dissertations savantes, lui qui avait déjà plaidé dans deux causes, lui qu'on disait si savant sur la coutume de Paris, sur laquelle il avait, assurait-on, écrit un commentaire[1]? Son père, qu'il avait en si grande vénération, n'avait pu lui permettre d'abandonner une profession aussi honorable, aussi lucrative que celle d'avocat, qu'afin de lui laisser le temps nécessaire pour travailler aux libelles qu'on imprimait en Hollande contre le gouvernement, ou aux utopies que le comte de Boulainvilliers et d'autres rêveurs de même sorte adressaient au roi, pour lui exposer les moyens de réformer le royaume et le rendre riche, heureux et content, sans qu'il en coûtât un sou à personne[2]. Ainsi pensait Voysin; et de plus, il ne doutait pas que Fréret, dont

---

[1] Bougainville, *Éloge de Fréret,* t. XXIII, p. 314-324.

[2] Voyez à la suite des Mémoires présentés à M. le duc d'Orléans par Boulainvilliers,

la mère était la sœur d'un solitaire de Port-Royal, ne fût, ainsi que toute sa famille, janséniste, et du parti du cardinal de Noailles.

Fréret pouvait être justement suspecté de partager les opinions de Rollin, son maître; et Rollin était tellement regardé comme janséniste, qu'on l'avait, par ce motif, expulsé de la coadjutorerie du collége de Beauvais. Ce fut dans de telles circonstances que Fréret fut averti, par le directeur de l'Académie, de se tenir prêt à payer sa bienvenue pour l'assemblée publique de Pâques, le 10 avril 1714.

Le chancelier Voysin, déjà mal disposé pour l'Académie, apprit avec déplaisir qu'elle avait choisi pour s'occuper de l'histoire de France et pour discréditer l'ouvrage du jésuite Daniel, un moment où les jésuites se croyaient persécutés par le cardinal de Noailles. Voysin sut que Fréret était le principal instigateur de cette discussion, et il donna l'ordre de l'arrêter. La lettre qu'il adressa à ce sujet au lieutenant de police d'Argenson est datée de Versailles, le 26 décembre 1714[1]. Les motifs que donne Voysin pour ordonner cette arrestation sont que le sieur Fréret est attaché au parti janséniste, « ce qui « n'est pas étonnant, ajoute Voysin, puisque sa mère est propre « sœur de Lenoir de Saint-Claude, qui demeurait à Port-Royal-« des-Champs, qui a été mis depuis, par ordre, à la Bastille… « D'ailleurs, on le croit l'auteur de plusieurs libelles contre la « *Constitution*, et de faire des écrits et des mémoires sur plu-« sieurs natures d'affaires. On me l'a aussi dénoncé comme « ayant pris des mesures pour faire imprimer clandestinement,

---

1754, in-12, celui de Fougerolle présenté à Louis XIV en 1711; il est curieux : on y propose toutes les réformes effectuées depuis violemment par la révolution de 1789.

[1] Elle est imprimée en entier dans Delort, *Histoire de la détention des philosophes*, t. II, p. 10.

« et sans permission, un livre qu'il a composé contre l'histoire
« de France de Daniel. »

Le même jour d'Argenson, ou plutôt peut-être son lieutenant, se transporta chez Fréret père, et on procéda à l'inventaire des papiers de son fils, « lequel, dit le procès-verbal, « nous avons trouvé dans un cabinet qui joint la chambre où « couche ordinairement son père, et remarqué qu'il écrivait sur « une carte géographique, etc. » La remarque est curieuse : tout le reste du procès-verbal est plein de niaiseries pareilles, et semble rédigé exprès pour montrer qu'il n'y avait rien de sérieux dans cet acte de rigueur : il est signé Nicolas Fréret, Fréret fils, Chantepied, lieutenant du guet, et enfin d'Argenson, lieutenant de police.

Lorsque Fréret fut arrêté ce n'était pas de la France qu'il s'occupait le plus, c'était de la Chine. Il projetait d'aller en Chine pour faire concorder la chronologie chinoise avec les résultats de ses recherches sur la chronologie des peuples d'Occident; sa famille eut beaucoup de peine à le faire renoncer à ce projet, et si l'on y parvint, c'est que l'abbé Sevin le mit en relation avec un Chinois lettré nommé Arcadio Hoangh, que M. de Lyonne, évêque de Rosalie, avait amené avec lui en 1712. Lors de l'entrée de Fréret en prison, on constata les papiers qu'il avait sur lui : ils étaient écrits en chinois, et traduits en français; à savoir : le *Pater*, l'*Ave*, le *Credo*, les dix Commandements de Dieu, et trois formules de lettres traduites en français : le ton pour la prononciation était marqué à côté de la traduction.

D'Argenson avait une figure effroyable : il s'en servait avantageusement pour interroger les grands criminels; mais c'était un magistrat vigilant et ferme, humain, intimidateur et non persécuteur, spirituel et lettré (il fut de l'Académie française).

Il n'était pas homme à user de rigueur envers un inculpé contre lequel, après l'examen le plus attentif, on n'avait trouvé aucun motif d'accusation. D'Argenson et même Voysin étaient tout disposés à l'indulgence envers un savant protégé par les Noailles et par Mme de Maintenon. On renvoya donc à Fréret tous les papiers, tous les manuscrits, tous les livres qu'il demanda, et on lui laissa toute liberté de travailler : il en usa largement. Les procès-verbaux de sa détention constatent que Fréret composa à la Bastille une grammaire chinoise, qu'il écrivit sur du papier rayé rouge; ses manuscrits nous apprennent que divers extraits de plusieurs ouvrages de chronologie, d'histoire et de géographie ont été faits par lui pendant son séjour en prison, car il y a tracé en caractères arabes ces mots : *Écrit dans le château royal de la Bastille.* Enfin lui-même a dit dans son mémoire imprimé sur la Cyropédie de Xénophon, « qu'il avait profité d'une solitude de six mois dont rien ne pouvait troubler la tranquillité, pour relire les principaux auteurs grecs et latins [1] afin de les mieux comprendre, et que le mémoire qu'il allait lire était le fruit de ce profond loisir. » Ce sont sans doute ces paroles de Fréret qui ont déterminé son dernier biographe à fixer la date de sa sortie de prison au 28 juin 1715 [2]. Cependant il est dit dans les procès-verbaux de la Bastille qu'il en sortit le 31 mars 1715 [3]. Il semble résulter de cette date [4], qu'on peut difficilement mettre en doute, que Fréret ne serait resté en prison que quatre mois et cinq jours, et non pas six mois comme il le dit. On peut croire facilement que le temps qu'a duré sa détention lui a paru plus

---

[1] *Académie des belles-lettres*, tome IV, p. 588.

[2] Champollion-Figeac, *Œuvres complètes de Fréret*, t. I, p. 30. (Ce premier volume seul a été publié.)

[3] Delort, *Détention des philosophes*, t. II, p. 17.

[4] Nous avons déjà dit que celle de l'arrestation est du 26 décembre 1714.

long qu'il n'était réellement. Quand il sortit de prison, tous ses papiers lui furent rendus : son arrestation était plutôt une manifestation du mécontentement du Gouvernement contre l'Académie des inscriptions et médailles que contre lui personnellement, et elle ne servit qu'à le rendre plus cher à la compagnie, à laquelle il se dévoua tout entier.

Après la mort de Louis XIV, Voysin garda les sceaux et fit partie du conseil de régence, et il fut mis en délibération s'il ne conviendrait pas de supprimer l'Académie des inscriptions et médailles. Le régent, qui avait du goût pour les sciences, et pas du tout pour l'histoire (il avait ses motifs), était d'avis de cette suppression.—A quoi était bonne cette académie? une commission de l'Académie française ne pouvait-elle pas, comme dans l'origine, composer les inscriptions des monuments, les légendes des médailles et les devises des jetons des différentes administrations; examiner les dessins de sculpture et de peinture dont on voulait embellir les palais royaux; diriger les décorateurs de l'Opéra pour les costumes et les attributs des divinités païennes? Il se trouvera toujours assez d'écrivains habiles pour écrire l'histoire, sans qu'il soit besoin de recourir à une académie pour en former. Les vérités historiques sont-elles choses que l'on puisse mettre en délibération, et décider dans une assemblée, à la majorité des suffrages, par oui et par non? — Il faut remarquer qu'il n'avait encore été rien publié des travaux de l'Académie, si ce n'est les inscriptions et les légendes composées pour l'éloge de Louis XIV, qu'alors il était de mode de déprécier autant qu'on l'avait exalté[1].

Le duc d'Antin, chef du conseil des affaires du dedans du

---

[1] Ces premiers volumes ont été réimprimés en 1736, mais la date la plus ancienne est de 1717.

royaume, et ayant en cette qualité la direction des académies, défendit l'Académie des inscriptions et médailles, et obtint qu'elle serait maintenue. Le duc d'Antin, en agissant ainsi, faisait en quelque sorte un acte de piété filiale. Personne n'ignorait que sa mère, Mᵐᵉ de Montespan, avait eu la première idée de donner le titre d'académie à la commission nommée pour composer les médailles. Comme le bruit de la destruction de l'Académie s'était répandu dans le monde et inquiétait ses membres, le duc d'Antin crut devoir venir y siéger en personne. Ce fut dans la séance du vendredi 22 novembre 1715. Le conseiller d'état Foucault, qui présidait alors, le harangua et lui dit : « La compagnie sait avec quelle force vous avez soutenu ses intérêts et fait voir l'utilité de son établissement[1]. » De Valois lut ensuite l'abrégé des dissertations qui avaient été faites dans le semestre depuis Pâques jusqu'à la Saint-Martin. Le duc d'Antin se montra très-satisfait, et promit d'user de tout son pouvoir pour la conservation de l'Académie des inscriptions et médailles, et pour l'extension de ses priviléges.

Il tint parole [2]; et six semaines après cette séance, un arrêt du Conseil (4 janvier 1716) changea le nom de l'*Académie des inscriptions et médailles* en celui de l'*Académie des inscriptions et belles-lettres*, et donna une nouvelle organisation à la compagnie. Par cette organisation, la classe des élèves fut supprimée et celle des associés augmentée; par conséquent Fréret, qui était élève, cessa d'être membre de l'Académie, mais il rentra dix jours après avec le titre d'associé par le choix de l'Académie, qui fut approuvé par le Gouvernement.

---

[1] Registres de l'Académie, année 1715, p. 799.

[2] Voyez le registre de l'Académie pour 1716, p. 6, et 11-15. L'arrêt ne fut notifié que le 7 janvier. Les premières lettres patentes qui organisent l'Académie royale

68   RAPPORT DU SECRÉTAIRE PERPÉTUEL

Lorsque le maréchal de Villeroi amena ensuite le jeune roi à l'Académie des inscriptions et belles-lettres pour assister à une de ses séances (le 24 juillet 1719), Fréret fut choisi pour lire une dissertation sur la morale et l'origine du jeu d'échecs[1]. On voulut évidemment prouver que le Gouvernement avait l'intention de maintenir l'Académie, et que Fréret avait cessé de lui être suspect. Il reçut, en cette occasion, les félicitations du jeune roi.

C'est depuis cette époque surtout que nous pouvons suivre d'année en année les travaux académiques de Fréret, et qu'il devient facile d'en dresser une liste chronologique[2] : cette des inscriptions et médailles, et qui lui donnent son premier règlement, sont datées du 10 juillet 1701 ; mais, par une médaille composée et frappée longtemps après, on fit remonter la fondation à l'époque de la première formation de la commission des inscriptions et médailles en 1663. Les secondes lettres patentes et la date d'une seconde organisation sont du 30 mai 1713 ; celle de 1716 fut la troisième.

[1] Registres manuscrits de l'Académie pour 1719, p. 271, 272, 273. La séance eut lieu un lundi ; elle fut donc extraordinaire et préparée d'avance. Les jours des séances étaient les mardi et vendredi de chaque semaine. Fréret, qui était peu assidu à assister aux séances, y vint avec la dissertation qu'il avait préparée.

[2] Voici, en abrégé, cette liste des Mémoires de Fréret, lus à l'Académie, disposée par ordre chronologique.

Age de Fréret.
16 ans, 1714. Sur l'origine des Français.
30   1717. Sur les volcans éteints.
31   1718. Sur la géographie de la Cyropédie de Xénophon et sur l'écriture chinoise.

Fréret lut ses éclaircissements sur la Cyropédie les vendredi 12, mardi 16, et vendredi 19 août ; en novembre et décembre de la même année, ses Mémoires sur l'écriture chinoise. Il assista aux séances les 11 et 25 janvier, 25 février, 15 et 26 juillet.

Age de Fréret.
32 ans, 1719. Cette année il entretint souvent de vive voix l'Académie de ses recherches sur les Chinois, et plusieurs séances se passèrent sans lecture, parce qu'elles furent employées à entendre les réponses aux questions qui étaient faites à Fréret sur les Chinois.
33   1722. Sur la chronologie des Assyriens ; sur les mesures longues des anciens.
34   1723. Défense de l'histoire contre le scepticisme de l'évêque de Pouilly ; défense de la chronologie assyrienne.
38   1727. Nouveau mémoire sur les volcans éteints.
39   1728. Commencement du grand travail sur la chronologie de Newton.
39-44   1728-1732. Suite des mémoires sur la géographie ancienne ; recherches sur les Babyloniens et les Chaldéens.
45   1733. Antiquités chinoises ; embrasement du Vésuve ; divers sujets de discussions avec Labarre, l'abbé du Resnel, La Nauze.

SUR LES MANUSCRITS DE FRÉRET. 69

liste démontre qu'uniquement consacré à des études ardues, il n'a pu avoir le temps de se livrer à la composition d'ouvrages de la nature de ceux qu'on a osé publier sous son nom; sortant peu, travaillant toujours, il n'eut d'autres liaisons que celles qui pouvaient intéresser ses travaux littéraires, ou celles que lui imposait sa tendresse pour sa famille, et celles-là lui furent funestes. Rollin avait dirigé l'éducation de plusieurs des enfants du maréchal de Noailles. L'aîné, le duc d'Ayen, devenu duc de Noailles[1], désira que Fréret, ce célèbre élève de Rollin son maître, achevât l'éducation de ses enfants, et obtint par son père qu'il y consentirait. Fréret alla donc demeurer chez le duc de Noailles[2] en 1720; et, après avoir pris, dit Bougainville, une retraite à l'Oratoire, il ne

Age de Fréret.
49 ans, 1737. Continuation des mêmes discussions et des mêmes travaux.
50 1738-1739. Géographie et histoire de la Grèce; guerre messénienne, Table de Peutinger.
52 1740. Littérature chinoise; latitude d'Athènes; roi des Parthes; accroissement du sol de l'Égypte; discussions avec La Nauze.
54 1742. Préside l'Académie.
55 1743. Est nommé secrétaire perpétuel. Fête religieuse des Perses, culte de Mithra, histoire des cyclopes, des cabyrs.
56 1744. Philosophie ancienne, traditions religieuses des anciens sur l'année cappadocienne et celle des Bithyniens; sur la bataille de Marathon, celle de Platée; sur les sacrifices humains.
58 1746. Sur le nom de Mérovingiens; sur l'histoire des premiers temps de la Grèce.
59 1747. Sur la religion des Gaulois et des Germains; sur un marbre découvert à Tripoli; examen critique de la Chronique de Paros; sur la prise d'Athènes par Sylla; sur l'é-

Age de Fréret.
poque d'Hérode le Grand; sur l'histoire des Amazones.
55-60 1743-1748. Dans cet intervalle de temps il prononça dix-sept éloges.
61 1749. Le 1/ janvier il lut ses observations sur les âmes des morts, et mourut le 8 mars.

[1] Le maréchal de Noailles (Anne-Jules), père du duc d'Ayen, mourut en 1708. Il eut de sa femme de Bournonville vingt et un enfants. Son fils aîné (Adrien-Maurice) ne devint maréchal de France qu'en 1733. Le cardinal de Noailles était son oncle.
[2] Bougainville, *Académie des inscriptions*, t. XXIII, p. 14-26.

Bougainville a dit que Fréret fit l'éducation des enfants du maréchal de Noailles, parce que, lorsqu'il prononça son éloge de Fréret en 1749, le duc de Noailles avait été fait maréchal de France; il vivait, mais son père n'était plus lorsque Fréret dirigea l'éducation de ses enfants; il n'y avait pas alors de maréchal de Noailles.

revint dans la maison paternelle qu'en 1723. Il voulut unir les soins nécessaires pour l'instruction de ses élèves avec ses travaux sur l'antiquité. Il prit sur son sommeil les heures indispensables pour la réparation de ses forces, et buvait du café quatre ou cinq fois par jour. Par ce régime il contracta une maladie nerveuse qui le condamna à une reclusion absolue. Étrange effet du mal dont il était affligé! la cause même de ses douleurs avait seule le pouvoir de les suspendre. Elles ne lui laissaient d'intervalle que quand il s'appliquait à des sujets qui réclamaient la plus forte contention d'esprit. Ainsi s'explique pourquoi il ne put remplir ses devoirs de secrétaire perpétuel et d'académicien assidu; pourquoi il a composé, dans les dernières années de sa vie, le plus grand nombre et les meilleurs de ses mémoires; pourquoi, durant cette fièvre de méditation et de travail, il interrompit, depuis 1743[1], la publication des Mémoires de l'Académie, et légua un énorme arriéré aux secrétaires perpétuels qui lui succédèrent; pourquoi il ne pouvait s'arrêter, ni se résoudre à prendre les soins nécessaires à la publication de ce qu'il avait écrit; pourquoi, enfin, étranger à toutes les passions, excepté à celle de l'étude, il mourut à soixante et un ans. Quels étaient les amis qui protégèrent Fréret dans sa jeunesse, et l'introduisirent dans les sociétés des hommes savants et érudits; qui le firent entrer à l'Académie? On l'a déjà dit, ce furent Rollin, l'abbé Sevin et Félibien. Quels étaient ceux de ses confrères qu'il lui était le plus agréable de voir journellement, à l'approche de son dernier moment, venir s'informer des nouvelles de sa santé, pour les porter ensuite à l'Académie? C'étaient l'abbé Barthélemy,

---

[1] Fréret fut nommé, le 8 janvier 1743, secrétaire perpétuel. Voy. *Recueil des Mém.* t. XVI, p. 12. Gros de Boze, qui avait été nommé élève en 1705, était devenu secrétaire perpétuel en 1716, lors de la rénovation de l'Académie.

l'abbé de La Bletterie, Bougainville. Il semble que les noms de tels hommes auraient dû le protéger contre les imputations dont il a été l'objet; mais, plus une calomnie est invraisemblable, plus elle circule, plus elle se propage, plus elle s'affermit.

S'il est prouvé, me dira-t-on, même pour l'*Examen critique de la religion chrétienne* et pour la *Lettre de Thrasybule à Leucippe* qu'ils ne sont pas de Fréret ni de Burigny, quel est donc l'auteur de ces écrits?

Il ne peut y avoir aucun doute sur ce point, puisque l'éditeur avoué de toutes ces scandaleuses publications pseudonymes, tout en les publiant sous un autre nom que le sien, s'est cependant exprimé de manière à faire comprendre très-clairement qu'il veut en être reconnu pour le principal auteur; et comme on trouve, dans les ouvrages qui portent son nom, des plagiats continuels faits à Burigny, à Dumarsais, à Vauvenargues, à Diderot et à d'autres encore, il ne faut pas, ce me semble, refuser de le croire sur parole, ni hésiter à lui laisser l'honneur d'avoir écrit ces deux ouvrages, aussi bien que tant d'autres, lors même qu'on y trouverait des pensées, des phrases entières de Diderot, de Vauvenargues, de Dumarsais, de Burigny.

Pour en être convaincu, il suffit de faire attention à ce qu'a dit Naigeon, quand il accola le nom de Burigny à l'*Examen critique des apologistes de la religion chrétienne;* il affirma en même temps à M. Barbier, qui l'a naïvement imprimé : « que lorsque « lui, Naigeon, voulut donner l'édition de cet ouvrage, il réunit « plus de vingt manuscrits; qu'aucun de ces manuscrits n'était « complet, qu'aucun n'était en ordre, que tous offraient les « mêmes lacunes, les mêmes transpositions, les mêmes dépla- « cements; et l'ouvrage, tel que le donnaient ces manuscrits, « était illisible et incompréhensible; que c'est lui, Naigeon,

« qui a remis en place les morceaux transposés, complété les
« phrases tronquées, et suppléé, par un texte de sa composition,
« aux nombreuses lacunes; qu'il a ainsi mis cet ouvrage en état
« de paraître. »

Est-il possible de se prétendre plus clairement l'auteur d'une œuvre que l'on consent, pour se faire plus d'honneur à soi-même, à attribuer, en partie, à un habile écrivain, à un profond érudit? Il est vraiment étonnant que l'auteur du Dictionnaire des anonymes ne se soit pas aperçu du piége qui lui était tendu par Naigeon. Et cependant c'est Barbier qui remarque que, dans son *Essai sur la Philosophie du XVIIIe siècle*, La Harpe avait dit qu'à l'époque où il publiait cet ouvrage, l'auteur de l'*Examen critique* était encore vivant. Singulier effet de l'obscurité que l'indifférence et l'oubli répandent sur les temps les plus voisins de nous! On crut que celui que La Harpe avait voulu désigner était l'abbé Morellet, et, uniquement, parce que, comme Fréret, il avait aussi passé quelques mois à la Bastille. Cette opinion, que tout repoussait, prit tant de consistance que Morellet fut obligé de la faire démentir dans les papiers publics et d'affirmer à Barbier lui-même que ce n'était pas lui que La Harpe avait voulu désigner. Il était évident que c'était Naigeon, qui ne mourut qu'en 1810 et qui n'existait plus lorsque Barbier publia, en 1822, la seconde édition de son Dictionnaire des anonymes.

L'aveu que fait Naigeon, relativement à la *Lettre de Thrasybule à Leucippe*, est encore plus explicite et plus direct, parce que c'est lui-même qui l'a écrit et imprimé, et non pas Barbier.

Il se trouve dans cet article du Dictionnaire de philosophie ancienne et moderne dont j'ai parlé: cet article, ainsi que je l'ai dit, est intitulé PHILOSOPHIE DE FRÉRET, et n'est qu'une édition de la *Lettre de Thrasybule à Leucippe;* mais cette édition offre des différences très-grandes avec l'édition primitive et avec celle qui forme le vingtième volume des œuvres de Fréret, et qui toutes deux, cependant, ont été publiées par Naigeon. Ces différences s'aperçoivent à l'ouverture même du livre, et sans qu'il soit besoin d'en lire une seule ligne. Dans les deux éditions en volumes séparés, il n'y a, au bas des pages, aucune citation qui appuient les faits allégués d'après les témoignages des auteurs anciens. Dans l'édition insérée dans le Dictionnaire de philosophie ancienne et moderne, il y a un grand nombre de citations de ce genre; réunies, elles égalent presque en matière le texte même, qui se trouve ainsi étayé sur un grand déploiement d'érudition manquant aux autres éditions, ce qui complète cet ouvrage, qui semble avoir été publié jusqu'alors avant qu'il n'eût été terminé. A la suite de chacune de ces notes, on lit, en lettres capitales, NOTE DE L'ÉDITEUR, et, quoique le nom de Naigeon se trouve en toutes lettres sur les titres des volumes du Dictionnaire comme celui de seul rédacteur et éditeur, à la fin de cette *Lettre de Thrasybule à Leucippe* on a encore mis, en petites capitales, ARTICLE DE L'ÉDITEUR, c'est-à-dire de Naigeon.

Ce n'est pas tout; la *Lettre*, dans le Dictionnaire, est précédée d'un préambule, et ce préambule n'a rien de commun avec l'avertissement du libraire, les préface et fragments de préface du traducteur et de l'auteur qu'on trouve dans les éditions séparées de cette *Lettre*. Ce préambule est un petit roman à la façon de Naigeon. Il dit que Fréret avait une sœur qu'il aimait tendrement; celle-ci voulait se faire religieuse, et, pour l'en détourner, son frère lui écrivit cette *Lettre*, afin de lui prouver qu'elle avait tort d'aimer et de pratiquer sa religion, et que toutes les religions étaient des impostures malfaisantes et cruelles. Naigeon, sans parler d'aucune des éditions qui ont été données de cet ouvrage, dit seulement qu'il a été imprimé il y a dix-sept ans, puis il s'exprime ainsi : « Les copies de cette espèce de testament de « Fréret se sont tellement multipliées du temps de l'auteur que « le sens était corrompu en mille endroits. Les manuscrits sont « tous plus ou moins mutilés. On trouve dans tous les mêmes « lacunes, la même obscurité, les mêmes transpositions, les « mêmes désordres ; *enfin il est impossible de s'assurer du vrai « sens de l'auteur.* J'ai donc été forcé, pour faire disparaître ces « défauts, de me mettre à la place de Thrasybule, et de le faire « raisonner conformément à ses principes, mais sans chercher « à imiter son style. » Naigeon se souvenait du jugement de Voltaire, lorsque celui-ci écrivait, au sujet de cette lettre de Thrasybule : « Ce n'est pas le style de Fréret. »

Voltaire, qui ailleurs fait voir qu'il faisait peu de cas de cet écrit, nous prouve ainsi qu'il n'a jamais cru que Fréret en fût l'auteur.

De tous les ouvrages irréligieux qui furent publiés sous le nom de Fréret, et même de tous ceux qu'on savait être sortis de l'atelier littéraire de d'Holbach et compagnie, un seul parut à Voltaire et à d'Alembert[1] digne de fixer l'attention, ce fut l'*Examen critique des apologistes de la religion chrétienne.* « Il n'y a, écrivait Voltaire, qu'un homme instruit dans la belle science de la théologie et des Pères qui puisse avoir fait l'*Examen critique.* » Et pour montrer qu'il savait parfaitement que ce livre n'était pas de Fréret, et mieux garder le secret qu'on lui avait confié, il écrivait à d'Alembert que l'auteur de cet ouvrage était un capitaine au régiment du roi (pseudonyme de Naigeon, auteur du *Philosophe militaire*). Mais quand Voltaire par-

---

[1] Voltaire, *Lettre à d'Alembert* (13 juin 1766); *Œuvres*, éd. de Beuchot, t. LXIII, p. 177; *ibid. à Damilaville*, p. 175; *ibid. à d'Argental* (22 juin 1766), p. 181; *ibid. à Thavot* (31 juillet), p. 255; *ibid. Lettre de d'Alembert à Voltaire* (26 juin 1766), p. 184 et 189, éd. Beuchot.

lait pour le public, il disait : « Ce n'est pas une petite affaire de répondre à l'*Examen critique* du savant et judicieux Fréret[1]. »

L'abbé Bergier fit de sa réponse à l'*Examen critique* une grande affaire pour Voltaire. Ne pouvant réfuter l'auteur de la *Certitude des preuves du christianisme*, et le *Déisme réfuté par lui-même*, Voltaire chercha à rendre Bergier odieux et ridicule dans un écrit intitulé : *Conseils raisonnables à l'abbé Bergier, pour la défense du Christianisme, par une société de bacheliers en théologie* (1768). L'abbé Bergier fit une *Réponse aux Conseils raisonnables pour servir de supplément à la Certitude des preuves du christianisme* (1769). Cette réponse resta sans réplique. Voltaire savait que l'*Examen critique* était l'ouvrage de Naigeon, et il avait conçu de cet écrivain une opinion à laquelle ceux qui conservent une grande admiration pour les arguments que contient l'*Examen critique* ne veulent point souscrire. Mais cependant lorsque Voltaire écrivit son *Supplément au discours de Julien*, il le mit sous le nom de l'*Auteur du Philosophe militaire*, c'est-à-dire de Naigeon[2].

Il importe peu de savoir si le plan, si le style de l'*Examen critique*, et même de la *Lettre de Thrasybule*, ne décèlent pas un auteur plus instruit sur la théologie, un plus vigoureux penseur, un plus habile écrivain que le compilateur, le traducteur et l'éditeur de tant d'œuvres médiocres. On connaît l'étroite liaison du traducteur de Lucrèce et de Sénèque avec Naigeon; on sait que Naigeon composait tous ses ouvrages des conversations de Diderot, et Naigeon lui-même en faisait gloire. On sait aussi que Diderot, qui fut tonsuré à douze ans, était

---

[1] Voltaire, *Œuvres*, éd. de Beuchot, t. XLIV, p. 206.

[2] M. Beuchot nous apprend que Naigeon composa son *Philosophe militaire* d'après un manuscrit analogue, qu'il le publia en 1767, et l'introduisit par lambeaux en octobre 1767, en le mêlant avec les feuilles du Courrier du Bas-Rhin, et qu'il en fit ensuite de nouvelles éditions en 1768 et en 1770. Conf. Voltaire, t. IX, p. 199.

destiné à l'état ecclésiastique, qu'il fit pour ce but d'excellentes études, et qu'ensuite il arracha des sommes assez considérables, pour l'entretien de sa maîtresse, d'un carme nommé le frère Ange, qu'il s'est vanté d'avoir séduit par sa faconde, en lui parlant de théologie et en lui donnant l'espoir d'acquérir à son ordre un sujet distingué[1]. D'un autre côté, c'est Naigeon qui nous apprend que Diderot était incapable de faire des citations exactes; qu'il manquait de patience pour l'examen des faits; qu'il refaisait dans son imagination tous les livres qu'il lisait. On sait encore que Naigeon, dans son zèle fanatique pour la religion du néant, altérait tous les ouvrages dont il se faisait le traducteur, le compilateur ou l'éditeur; que, selon l'énergique expression de son frère, Naigeon le jeune, il les *athéisait* tous. Le luxe de citations que l'on trouve dans l'*Examen critique*, et surtout dans l'édition de la *Lettre de Thrasybule*, insérée dans le Dictionnaire de philosophie ancienne et moderne de l'Encyclopédie méthodique, démontre que Naigeon, par son travail de recherches et de rédaction, croyait pouvoir avec justice reprendre, pour lui seul, deux ouvrages composés avec le secours de ses amis; ouvrages qu'il avait, pour leur assurer plus de succès, décorés d'un nom plus illustre et plus respectable que le sien, et qu'il pensait avoir le droit de s'en considérer comme le seul et véritable auteur. — Accordons-lui ce droit, et qu'il n'en soit plus question.

J'aurais pu, messieurs, ne pas me livrer, dans ce rapport, à cette longue discussion. Elle était inutile pour vous, qui connaissez trop bien Fréret et ses écrits pour ne pas être d'avance convaincus de ce que je pense avoir clairement prouvé, de ce qu'avaient cru devoir se contenter d'affirmer plusieurs de vos

---

[1] *Mémoires sur la vie de Denis Diderot*, par Mme de Vandeul, sa fille, t. Ier des OEuvres inédites, 1831, in-8°.

savants confrères. Mais pour ceux qui ne connaissent de Fréret que les ouvrages qu'une trompeuse renommée s'obstinait à lui attribuer, il fallait démontrer la fausseté des motifs de leur crédulité. Si j'avais supprimé ce qu'il m'a fallu dire pour atteindre ce but, il me semble que la biographie du célèbre académicien, et l'histoire de cette Académie, dans les temps les plus critiques de son existence, y eussent perdu quelque chose.

Un des plus nobles penchants de l'homme est de chercher à se grandir par l'exercice de ses facultés intellectuelles; mais les agitations du cœur, les besoins de la vie matérielle s'opposent à ses désirs. Presque toujours l'attrait de la célébrité, de la fortune, de la puissance, de la considération ou de la gloire, sont les seuls motifs qui nous portent à rompre les liens qui nous enchaînent, ou à surmonter les obstacles qui paralysent notre volonté. Il n'en fut pas ainsi de Fréret; il ne rechercha ni les richesses, ni l'influence, ni le bruit. Il aima l'étude, il s'y adonna dans l'ombre et le silence. Il n'eut d'autre passion que celle du savoir. Du savoir, il n'en voulait retirer d'autres fruits que les jouissances qu'il procurait à son esprit éminemment investigateur. Il ne sortait de sa laborieuse solitude que pour s'entretenir avec un petit nombre d'hommes choisis, que pour essayer sur la pierre de touche de la discussion, si en avançant des choses nouvelles, ou en combattant des erreurs, il était lui-même dans le vrai. On ne pouvait pas faire à un tel homme une plus grande injure que de l'assimiler à ceux que tourmente l'envie frénétique d'acquérir à tous prix une scandaleuse renommée; et c'était justice que d'effacer les souillures dont on a voulu ternir une si belle mémoire.

FIN.

www.ingramcontent.com/pod-product-compliance
Lightning Source LLC
LaVergne TN
LVHW052107090426
835512LV00035B/1304